成长的印记

CHENGZHANG DE YINJI

郑海明 著

中国财富出版社

图书在版编目（CIP）数据

成长的印记／郑海明著．—北京：中国财富出版社，2017.7
ISBN 978－7－5047－6548－2

Ⅰ.①成…　Ⅱ.①郑…　Ⅲ.①家庭教育　Ⅳ.①G78

中国版本图书馆 CIP 数据核字（2017）第 176334 号

策划编辑　单元花　　**责任编辑**　张冬梅　俞　然
责任印制　方朋远　　**责任校对**　胡世勋　张营营　　**责任发行**　董　倩

出版发行　中国财富出版社
社　　址　北京市丰台区南四环西路 188 号 5 区 20 楼　　**邮政编码**　100070
电　　话　010－52227588 转 2048/2028（发行部）　010－52227588 转 307（总编室）
010－68589540（读者服务部）　010－52227588 转 305（质检部）
网　　址　http://www.cfpress.com.cn
经　　销　新华书店
印　　刷　北京京都六环印刷厂
书　　号　ISBN 978－7－5047－6548－2/G·0691
开　　本　710mm×1000mm　1/16　　**版　　次**　2017 年 9 月第 1 版
印　　张　13.5　　**印　　次**　2017 年 9 月第 1 次印刷
字　　数　200 千字　　**定　　价**　38.00 元

推荐序一

要想双手拥有　爱在心中停留

无论是在中国，还是从国际上来说，孩子的教育是一个永远的话题，神秘而又奥妙无穷。

无数家长苦苦寻觅孩子教育的“圣经”，却毫无所获，眼睁睁地看着孩子一步步走入误区，痛心无比，却又无可奈何。

这个世界上真的有教育好孩子的宝典吗？

如果有，那么《成长的印记》就是其中的一本。这是一本通俗易懂的书，同时它又是一本令人大彻大悟的书。它带给读者的是醍醐灌顶般的顿悟，原来，应该这样教育孩子！

当前，很多家长在不知不觉中走入了家庭教育的误区，同时，也把孩子带入了一个个怪圈。

这本书以最通俗的语言、最平实的故事、最常见的现象带给读者以最深刻的启迪，从而为无数家长的教育指明了方向，就像高高的航标灯，屹立在辽阔的海面上，时时刻刻指引着航向。也许，从此，孩子的前方就是蓝天一片，晴空万里，再也不必在迷茫与痛苦中苦苦追寻。

对于家长而言，它是做好家庭教育的一部宝典。

对于孩子而言，它是成长之路的一盏明灯。

《成长的印记》，看之，受益无穷。

事实上，我之所以如此喜欢这本书，不单单是因为这本书的内容，更是因为我是如此了解这本书的作者——郑海明老师，因为，他是我最亲密的战友。

在我的眼里，他不仅是我事业上的好搭档，更是一个善良、淳朴、大爱的邻家大男孩，也许，他的天资并不是多么的出众，也并不具有惊世骇俗的聪慧，但是，非凡的努力铸就了他如今的不凡，也成就了这本书。

海明老师是一个乐于付出的人，从来不谈什么条件，他永远都抱着一颗利他的心，行走在这个喧嚣的世上，无论他经受了多少困难，他总是一个人坚定地撑下去，从来不抱怨，也不埋怨，依然帮助他人、奉献社会，无怨无悔，坦然前行。

天道酬勤，多年的钻研成就了他。有人说：心在哪里安放，就会在哪里收获希望。多年来，海明老师近距离观察并亲身感受家庭的重要性，他认为，在家庭教育领域，在众多父母的身上，并不仅仅只有成功的经验，一定还有失败的教训。正是怀着这样一种造福无数家庭的坚定信念和强烈的使命感，他从无数个成功或失败的家庭教育案例中，总结、摸索了一套行之有效的父母陪同孩子成长的办法，并把这些办法汇集成书，以期为更多的家庭提供最宝贵的第一手资料。《成长的印记》就是他多年的心血凝结而成，这本书中展现着海明老师那颗利他的心，凝聚着海明老师对孩子们深深的爱。孔繁森同志曾说过，一个人爱的最高境界是爱别人。而作为教育工作者，我要说，爱的最高境界是爱学生。教育因爱而美丽，有爱才有教育。

“不信任孩子更不信任自己”是书中的一句话，看似简单，细细想来，却回味无穷。事实上，在现实生活中，的的确确有很多家长因为对自己的教育方法没有信心，对孩子的行为也缺乏彻底的信任，而信任恰恰是一个家庭教育中最需要保持的品质，如地基般重要。如果亲子间没有信任，所有教育都脆弱不堪，对于孩子而言也有百害而无一利。

列夫·托尔斯泰说：“要做真正的知己，就必须互相信任。”著名教育家陶行知也说：“千教万教，教人求真，千学万学，学做真人。”海明老师说：“在家庭教育中，信任是一项至关重要的内容。”但愿这世上的家长都

把信任、真诚的种子根植在孩子心中，使他们茁壮成长。

生命不是用来思考和分析的，生命是被体验和经验的。真理源于生活，在生活中一次次蜕变，一次次开阔，打开一扇窗，再打开一扇窗，再推开一道门……

我坚信，《成长的印记》这本书一定会给更多的家长以启迪、以思索，培养更多贤德孩子、成就更多智慧父母、造就更多幸福家庭！

我期待着那一天的到来，愿这本书给更多人以福音！

陈　捷

2017 年 3 月写于中国 · 三亚

推荐序二

我在给学员讲幸福课程的时候，问学员，“什么是幸福呢?”答案五花八门：有人说，有钱有闲就是幸福；有人说，家人健康自己平安就是幸福；也有人说，干自己喜欢干的事情，并能养家糊口就很幸福；还有人说，拥有感知幸福的能力才是真正的幸福。每次听他们这样说，我的内心总会充盈着满满的感动：是我看到了大家或多或少都能列举出一些幸福，而很多时候很多人，并不能感知到幸福。我们在日复一日、柴米油盐的平常生活中，是否会在下班后带着疲惫回到家，为谁来做饭谁来洗碗而争吵？是否会为了孩子参加培训班争得面红耳赤？是否会在晚餐后一家人坐在一起却各自盯着电子产品，没有交流？是否会为了一句本无恶意的话语争吵甚至冷战？是否由于失去了工作产生焦虑、亲戚或家人生病了感觉人生灰暗？而当我们遭遇争吵、冷战、感到人生灰暗的时候，还能有幸福感吗？生活在当下的大多数人都有如此感觉，明明工资涨了还是不够花，明明努力做的事有所改善但还是忧心忡忡，实际生活比以前好太多了还是如负重轭。

科技发达带来物质条件的富足，但与此同时人类的幸福感却没有同比上升，造成如此情形是我们真的不幸福，还是不懂幸福或者不会幸福？所以，幸福是件奢侈又全面的事情，幸福也需要学习。幸福是有维度的，如同马斯洛提出的需求层次一样，你学会了哪个维度，就会在哪一个方面感知幸福。学习如何去体验幸福，等于学会了爱也学会了理性。面对世界阴暗面，我们应当怎样调整自我的心理，正确地看待，走向光明与灿烂？累了、倦了、厌了，不要和自己过不去，找到合理的途径，给自己放个假。这也是我们“幸福系统培训”一直积极倡导和推广的幸福学习课，意在培养一个人感知幸福的心智和能力。而这种心智和能力，不是一个人与生俱来的，而是经过成长过程中不断被熏陶、被影响甚至被培养，最后达到的一种境界。无论做什么事、面临什么样的境界，都能从中看到积极的一面，从而引导自己内心的幸福和快乐的体验。这就给我们提出了一个问题。我们当孩童的时候，是否习得了父母对于幸福生活的把控能力；当我们成人后，给孩子当父母的时候，又是否把习得的生活经验和生活智慧传递给了他们？而这一问题，也是我在亲子教育领域不断探索和实践的。我认为，亲子教育的根本不是要把孩子培养成精英，不是要让孩子未来当什么领袖，而是要让孩子有感知幸福的能力。无论他是一个有权威的领导，还是一个平凡的职工，他都不要因为位高权重而产生高处不胜寒的孤独感，不因身份低微或职位不高而存有自卑感。这是我们作为家长乃至学校和社会要真正去培养孩子的。

对于孩子的培养或影响，在我看来最重要的是家庭教育。教育孩子就像染丝，染于黄则黄，染于苍则苍，底色是关键。而父母的教育就是第一道工序。如果父母给孩子营造的家庭氛围是友好、和谐、爱和担当，那么孩子的内心就会萌发一颗美好的种子，这颗种子会开花结果。这个果注定会让孩子在未来的生活中，学会如何营造和谐的人际关系，推而广之，他也会学着如何去爱自己、爱家人。相反，如果父母的生活状态是纠结、争吵、彼此伤害，同样会给孩子内心烙上深深的伤痕。等到他长大成人去面对自己的人生和生存环境，他内心那道疤就会时不时跑出来阻碍他，让他变得不信任别人、对别人不友好，又或者是融不进圈子，变得自卑胆小、畏首畏尾，更有甚者会出现伤人伤己的变态行为。所以，当我看了《成长的印记》书稿，我觉得这是一本值得推荐的书。因为，父母在没有成为父母之前并不知道如何当父母、如何当好父母，也不太明白如何营造家庭的幸福和亲子间的和谐。书中通过理论和案例以及作者自身的经历，阐述了在成长这条不可逆的长河中，父母言行以及对待子女的态度，就像一粒粒石子投进水中，无论是激起浪花，还是扩散成涟漪，对一个孩子的成长都会产生不可估量的影响。好的影响很深远，坏的影响同样也很深刻。孩子成长过程中所习得的心智状况对日常生活与身心健康的影响都非常大。如果一个人有平静与稳定的心情，一定会影响到他对其他人的态度与行为。也就是说，一个人保持心智状态的安静、清明与平和，外界的环境与状况很少能扰乱他。反之，如果一个人的精神状态是纷乱不安的，即使处于最安适的环境，最好的朋友们围绕着他，也很难使他平静或欢喜。这说明，我们的心理，是决定我们感受快乐幸福极重要的因素。如果一个原生家庭是幸福的，那么未来孩子的幸福感知力就会强。做好父母，就可以培养一个孩子正确清明的心智状态。所以，我们要时刻告诉自己，当一个好家长，给孩子美好的生活。营造一个好家庭，给孩子内心播种可以感知幸福的种子。

幸福系统创始人　林玟莹

2017 年 3 月

自 序

向大家推荐这本书之前先聊聊我自己。在没有从事家庭教育培训之前，我的内心一直住着一个“受伤的小孩”。虽然我是典型的“80 后”，但我的生活和心态并不阳光，甚至曾经一度想过要放弃自己的生命。大家可能要问了，什么样的压力和挫折会让人想要放弃生命?

其实，这也是我要写这本书的动机。我身上所有阴暗面、所有负能量，都是有迹可寻的，那就是我所成长的原生家庭，我的身心积聚了太多父母留给我的创伤。

1981 年我出生在安徽黄山一个偏远的山村里，有一个长我一岁的哥哥。

父亲曾是十里八村略有名气的赤脚医生，而且是家里的独生子，性格内向，忠厚老实。

母亲是广大农村女性群体中的一员，唯独与别人不同的是母亲性格非常好强。因为母亲也被她的原生家庭凿刻了很多印记，比如她是长女，被迫作出牺牲早早辍学操持家务让弟弟们上学；比如，无论她多努力都得不到父母的肯定和欣赏；等等。这些造成她希望在婚姻中找到自信和价值。然而父亲的性格和表现并不能让母亲满意，加上家庭不富裕，贫贱夫妻百事哀，好强的母亲抱怨命运、抱怨父亲。父亲的忠厚老实和不善言辞更激发了母亲的好强，母亲的强势也冷却了父亲的感情。于是，家无宁日成了常态。家里没有祥和全是戾气，不是父母大打出手，就是他们拿家里的物品发泄，锅碗瓢盆、桌椅板凳、窗户、墙壁均不同程度受损。

但在我看来遭遇最大毁损的，是家庭成员对幸福的渴望，是想要努力去生活的信心。

我和哥哥没有体会过家的温暖，反而总是在梦中被父母的打架声和争吵声惊醒。没有爱的家似乎一切都是错的，孩子是错的，婚姻是错的，生活是错的，活着都是错的。家里一切全是纷乱的状态。

母亲轻视生命，闹得最厉害的是服农药、冲火车道，以死威胁父亲和整个家。家庭的闹剧是外人眼中的戏，大家看了表面唏嘘背后轻视，最后的结果是，家庭不和外人欺。

我和哥哥每天就生活在这样的战争和恐惧中。我变得胆小自卑，整天提心吊胆，甚至不敢一人独自在家里。在外面自然也成了同龄人欺凌的对象。以至于多年以后我害怕节日的鞭炮声，因为这个声音的后面是家的味道和温暖的想象，而实际上节日里家中也是鸡犬不宁、争吵打斗，家成了最伤痛的记忆，童年笼罩在灰色的阴影里。

我还没有小学毕业，父母离婚了，哥哥归父亲我跟了母亲。母亲选择离婚不离家，用母亲后来的话说，婚姻没了俩儿子是她全部的希望，她舍得婚姻舍不得孩子。名不存实已亡的婚姻状态下，父母依然一言不合就争吵、就动手。我的内心一直把父母这种难以融合归罪于自己，以为是我的到来导致父母如此。初中时曾经因无钱交学费被老师赶出校门，心灰意冷的我也想过从此离家出走，或者用自己的死去换来父母和谐。现在想想，这可能是天下所有孩子在面对父母打斗、家庭不和，又无力改变时想过的事情，要么被吓坏，要么想离家出走或死去。

初中毕业后我选择了外出漂泊，想远离父母，结果生活并没有宁静，等来的是惊涛骇浪——父亲意外去世了，那年我 17 岁。父亲去世后，母亲更加好强了，拼了命没日没夜地干活儿，省吃俭用，苦苦撑起这个家，同时也一如既往地想用她的思维和观念把我们塑造成她想要的样子，通过情感控制、比较、不信任、言语打击等，企图让我们能按她设想的样子成长。在母亲的眼里我永远没有优点，永远不如别人的孩子，她都对，都是为我好。

于是我就这样在原生家庭里长大，受母亲的揉捏和影响，变成一个自卑、遇事优柔、不善与人沟通的大人。而我一直不知道，我把那个没有感知过温暖的“小我”偷偷藏了起来。

我的思维模式和处世方式暴露了我原生家庭的印记。

看到父母如此辛酸的婚姻，我曾暗暗发誓以后结婚绝不离婚、坚决不吵架。意想不到的是我的婚姻一年零四个月就宣告结束了，我违背当初的誓言，签下了离婚协议书。

用父母的婚姻对照自己的婚姻，我觉得生活像是被巫师下了蛊，诸事不顺，寸步难行。一代又一代就这样不受控制地传承下来，无论是婚姻模式还是心理体验。

我自己婚姻瓦解，事业又失败，人生走到最低谷，我开始疗愈我内心“受伤的小孩”。在不断学习和自我疗愈的过程中发现，我们每个人都无法改变原生的父母，只有我们自己成长了，感悟了，觉醒了，才可化解和翻转。也许你有共同的经历，我们每个人的内心都住着一个小孩，无论是喜悦的还是悲伤的，我们都要勇敢正视自己、找到自己才能疗愈自己，持续终身学习，从而收获新生。而往往很多人在熟悉和习惯的模式里走不出来，抹不去印记，会任由错误复制下去并延续上一代的生命状态而不自知。其实人生永远都不晚，最晚的是从来没有开始过，所以我们必须从现在开始做智慧的父母，给我们的孩子一个美好的印记。今天我把自己最真实的过往公开，并把正确的家庭教育思维和方法写进《成长的印记》这本书，书里的观点是我自己成长后回顾在我身上的印记时的总结和体悟，以及我在家庭教育课程中遇见的案例的感悟。希望更多的人从中体悟，获得不一样的生命力量，从而润泽整个家族。

能站上讲台在全国各地演讲、分享、帮助很多人，能从事家庭教育这份事业，要特别感恩我生命中的贵人：华德育才教育科技股份有限公司创始人、中国第一位青少年梦想导师陈捷先生。2004 年结缘于他，是他引领我走进了教育行业。陈捷老师给了我很多的滋养和帮助，开启了我持续学习和求知的道路，同时帮助我结识格力电器董明珠、依文集团夏华、中国第一CEO（Chief Executive Officer，首席执行官）唐骏、步步高董事长王填、友阿集团胡子敬等企业家并向他们学习，向世界两性关系专家约翰·格雷、世界销售大师乔·吉拉德、世界激励大师约翰·库提斯、世界畅销书《心灵鸡汤》作者马克·汉森等各个领域的世界名家交流学习，研究心理学、萨提亚家庭治疗、NLP（Neuro－Linguistic Programming，神经语言程序学），甚至去寺院吸收大德高僧的智慧，参悟生命的真谛。无法想象如果没有遇到陈捷老师，没有持续不断地学习，今天的我又会是怎样。我的老师说教育不是灌满而是点燃，他愿意用毕生的精力去奉献给家庭教育，他用每年国内外300场次以上的演讲与分享去帮助无数家庭与孩子得以改变现状。为了培养千千万万贤德的孩子，引领千千万万智慧的父母，造就千千万万幸福的家庭而努力奋斗！

老师既如此，我发愿也要以我的经历和体会帮助更多人早日觉醒，让更多生命更圆满，唤醒更多人的灵性。用生命的全部力量让遇见我的人大彻大悟，这只是开始，我会一直在路上……

生命不息，奋斗不止！

郑海明

2017年3月

前　言

我为什么写这本书

我自2004年起从事培训工作，从做企业培训到现在做亲子教育培训，一路走来，接触了很多优秀的人，也收获了很多体悟。在我看来，一个人一生追求的成功，无非是做事的成功和做人的成功。而这两种成功完全能归在一个点上，就是从小到大的成长路径。一个人成长得好，则做人做事都比较顺利；反之，一个人成长得不够好或者被错误的教育方法引至错误的心理路线，那么将来做人做事就会不太顺畅。

基于这样的体悟，我开始思考一个问题：为什么同样是孩子，长大后境遇则完全不同？孩子生来虽有种种不同之处，然而大体是相仿的。比如，饿则哭、喜则笑；见好吃好看的东西就伸手拿来，见好玩有趣的东西就伸手去玩。然而成长后为什么就变了呢？有的身体强健，有的身体孱弱；有的意志坚决，有的意志柔弱；有的知识丰富，有的知识匮乏；有的专顾自己，有的体恤别人；有的多愁病，有的多喜乐；有的成为优秀公民，有的变为社会败类？究其原因，不外先天禀赋之优劣与后天环境及教育之好坏而已。而先天禀赋通过后天环境教育能有非常大的改观，这个教育既来自家庭，也来自学校。

教育家卢勤老师说过，“学校教育的美，在于教授孩子知识，并能容纳孩子的多样化，让孩子因为不同，所以多彩；家庭教育的美，在于父母能对孩子有‘敬畏之心’，不去改变他，而是以厚德载物的情怀去欣赏他、引领他。”

如果把孩子看成一座高塔，父母和家庭的教育才是给塔奠基，地基的稳固和牢靠与否，决定未来塔的高度。

若孩子从小受了良好的家庭教育，虽生来天赋不高，长大亦能独当一面。若家庭教育不好，小孩子本来能量俱足，也会被父母错误的施教毁之殆尽。因为，每一个人生命状态的差异，源于身心印记的区别。印记是一股力量，或是摧毁或是滋养。而印记来自父母的语言和行为，印记终生难以磨灭……

我和陈捷老师一路相伴在华德育才。我们创办这家公司的愿望，就是希望培养千千万万贤德的孩子，引领千千万万智慧的父母，造就千千万万幸福的家庭，为中国家庭教育事业作一些贡献。我们培养了很多孩子，也培训了很多父母。

我们遇到的家长，有普通工薪阶层的职员，有做教育事业的专家，还有很多事业有成的公司高管。无论他们的职业是什么，他们都扮演着相同的角色——父母。每对父母都对外经营事业，对内照管家庭，但他们往往发出感慨：经营一个家并不比经营一个企业容易；当一个好父母不比当一个好老板容易；管教一个孩子不比管一群员工容易。因为，企业管不好可以东山再起，家无法从头再来；当不好管理者，可以推举贤能让位于人，当不好父母无法找人替代；管不好的员工可以辞退了重招，孩子难管难教，却不能把孩子送人。

所以，相对于企业培训，亲子教育在我看来更重要。因为亲子教育关乎一个家庭的幸福，关乎一个孩子的未来，也关乎一个家族的兴旺。即便是一个事业有成的老板如果没能教育好孩子，没能照顾好家庭，怎么能算是真正的成功呢？因为，钱什么时候都可以赚，而孩子的成长不可逆，不给父母重来补过的机会。美国著名“家庭治疗大师”萨提亚认为，一个人和他的原生家庭有着千丝万缕的联系，而这种联系有可能影响他的一生。

成长的过程中的负面印记，将会影响孩子未来的很多方面，比如情商，比如逆商，比如择偶，比如未来他对下一代的教育、对家的责任以及

爱己爱人的能力……

我们的性格或行为模式在很大程度上取决于原生家庭的影响。现在，当我们为人父母时，我们和伴侣相处模式又会直接影响到孩子的未来。我们现在组建了子女的原生家庭，为了孩子，我们要营造一个更好的原生家庭。

这也是我写这本书的根本目的和出发点，希望用我的感悟和思考，以及我本人身上来自原生家庭的印记，来唤醒父母，不要再复制父母的错误印记传承给孩子，我们不能改变父母，但可以改变自己。希望和众多父母一起学习和体悟教育的真谛，来提升孩子的生命质量。

当然，在教育这条路上我依然是一个探索者和学习者，在对家庭和与人相处模式的学习中我仍然是个修行者，个人观点难免有不精准或疏漏之处，希望我的发心发愿能为更多的家庭带去些许的帮助，这是我最大的心愿，也希望爱好教育的同人、广大的读者朋友不吝赐教。

郑海明

2017 年 3 月

目录 Contents

第一章 孩子是上苍送来的礼物

孩子是上苍送来的礼物

为什么要孩子

如果问父母一个问题，究竟为什么要孩子？我想答案一定五花八门，比如：有人会说，人人都要孩子，自己也不能特立独行；有人说，为了生命的延续；有人说，为了家庭的传承；有人说，为了人类的发展；有人说，为了养儿防老；有人说，为了参与一个生命的成长体验；等等。其实，我想说，无论哪个答案，在想到要孩子的初衷上，绝大部分父母内心一定会有一个字：爱。

爱，是一个积极正面的概念。父母在亲子关系中无不希望自己对孩子是纯粹的爱，但现实生活中，这种“爱”却是一个极容易被误解误用的概念。在我从事亲子培训的过程中，目睹了很多父母与孩子之间的互相伤害都发生在“爱”的名义下。

比如，一个母亲哭诉，因为爱孩子希望他将来能钢琴考级、走音乐道路，结果苦苦逼迫孩子练琴，导致孩子都想砸了钢琴；一个父亲说，因为爱孩子想给孩子更好的生活，不得已让孩子变成留守儿童；一个经常向孩子动手的父亲说，我因为爱他才打他呀；一个经常把孩子跟别人作比较的母亲说，我是为了激励他才说他不如别人的呀。

看看，这些父母哪一个不认为自己的所作所为是以“爱”为出发点呢？父母总觉得自己没有做错，错的是孩子。

当今社会，很多职业都要求有上岗证，唯独做父母这一行，不经任何培训，无需任何证书，就被孩子出生时的哭声催促着走马上任，立当其责。事实上，为人父母，绝非易事，比许多行业的学问更为深奥复杂。

所以，我们有没有问过自己，做父母合格了没有？我们懵懵懂懂开始成为一个孩子的监护人，仅仅是被称为爸妈就够了吗？“家长”是什么？是一个名词，也是一个称谓；是一个启蒙者，也是一个教育工作者；是温暖家庭的缔造者，也是孩子的坚实依靠……其实，“家长”不仅仅是这些，更昭示一种责任、一种义务、一种不断学习力求变得更优秀的担当、一个给孩子心田撒播美好种子的农夫、一个能让种子开出花儿的匠人。

我们再看看，孩子是什么？

孩子是爱情的结晶——夫妻共有，代表纽带；

孩子是生命的延续——传承种族，代表接力棒；

孩子是快乐与幸福——重在过程，代表家庭的核心；

孩子是希望与未来——承载晚年，代表未来的投资。

所以，孩子是人不是物，是集思想、情感、性格、行动于一体的人。父母对待一个如此复杂的小生命，光有了生下他的冲动还不够，还需要拿出足够的智慧去伴随一个孩子的成长和成熟。到某一天，看着经由自己用心呵护的一棵小树长成了参天大树，目送他渐渐远行，能心满意足且没有遗憾地说，我们为社会输送了一个合格的人才，培养了一个能感知自由和幸福的人。那样，才对得起跟孩子之间的缘分，不枉为人父母一回。

每个父母都要像纪伯伦在他的诗《你的儿女其实不是你的》中描述的那样去认知：

你的儿女，其实不是你的儿女。

他们是生命对于自身渴望而诞生的孩子。

他们借助你来到这世界，却非因你而来，

他们在你身旁，却并不属于你。

你可以给予他们的是你的爱，却不是你的想法，

因为他们有自己的思想。

你可以庇护的是他们的身体，却不是他们的灵魂，
因为他们的灵魂属于明天，属于你做梦也无法到达的明天，
你可以拼尽全力，变得像他们一样，
却不要让他们变得和你一样，
因为生命不会后退，也不在过去停留。
你是弓，儿女是从你那里射出的箭。
弓箭手望着未来之路上的箭靶，
他用尽力气将你拉开，使他的箭射得又快又远。
怀着快乐的心情，在弓箭手的手中弯曲吧，
因为他爱一路飞翔的箭，也爱无比稳定的弓。

有了孩子我们该如何教育他

有位教育家说过一句很好的话，“生孩子、爱孩子是连母鸡都会做的事，如何去教育孩子才是人和动物最本质的区别，而教育的智慧也是分层次的。”每次在我们的全球“家族影响智慧”父母学堂课上，我都会对家长们说，教育有三重境界：第一层，懂教育负责任的家长，这样的孩子成功率90%；第二层，不懂教育又特别负责任的家长，孩子的成功率10%；第三层，不懂教育不负责任的家长，孩子的成功率50%。

这三层教育境界意在说明一个什么现象？在教育孩子的过程中，如果父母不合格，没有学过专业的教育课程，但对孩子又采取“很负责任”的态度——限制加严管，那么孩子的天性就会被父母扼杀和压制，很难自由地发展，更不能充分释放原本的智慧和能量，那么，成功和成才的概率就小了。反之，一个对于教育孩子有心得体会又有学习力的家长，知道如何去教育孩子，并能积极关注孩子的心理发展，及时引导和培养孩子，那么

这样的孩子成功和成才的概率就会大。教育孩子我们可能不是既懂教育又负责任的家长，但起码我们不要去做一个自己不懂教育还要过分负责的家长。如果我们属于既不懂教育又对孩子不太负责的家长，只要孩子用心学习还是可以提高的。

谈到学习和提高，我们要意识到，无论从肉体意义上，还是从精神意义上看，孩子都是人类生命延续的重要方式。天下父母为了孩子，心甘情愿地倾注着汗水和心血。稍加思索，就不难发现，意愿、行动、结果是相关相继的三个层次。绝大多数父母都怀着同样的爱孩子的意愿，然而，爱的能力与行为各异，导致了结果的不同。

教育的秘诀是爱，一句鼓励的话可以给一个人自信、尊严，甚至可以拯救孩子的灵魂。让孩子学会自信、勇敢、责任和担当，学会如何把父母留在自己身上美好的、充满正能量的印记传承给他的孩子。

我的原生家庭环境，虽然给了我很多温暖的记忆，但更多的是伤痛的印记。从我懂事起，耳边是母亲的唠叨和谩骂，眼前是父母经常争吵和相互指责。甚至当我们放学回到家，饭都没有人做，饿得我和哥哥趴在长凳子上沉沉入睡。等来的并不是父母给备下的可口饭菜，而是在他们高声吵闹中惊吓而醒。身体的饥饿加上感情上的不被重视，让我一度产生严重的不安全感。感觉自己的家，随时都会因为父母的争吵而分崩离析，那样我将要面对的是没家的境遇，而小时候的自己没有能力来处理父母之间的事情，也只好将自己的需求悄悄隐藏。从事教育事业以后我发现，当时甚至是现在，我的父母都没能意识到他们的关系和相处模式，给我造成了什么影响。

我讲这些，并不是指责父母或者对父母进行批判，我只是想说，如何教育孩子，关系重大。也许你是一个非常了不起的公司老板，但不一定是个好爸爸；也许你是一个非常了不起的优秀员工，但不一定能当一个好妈妈。我们不能改变我们的父母，却可以重新认识到这些问题，让自己变成一个好父母。

作为父母需要努力修炼自己，学习去做合格的父母。知道什么是爱的能力、何为良好的教育方式，知道如何去影响孩子才能培育出优秀的孩子。这并没有固定的模式，因为每个孩子秉性相异，未来面对的社会情况亦有不同。

甘地的父亲个性耿直忠厚，从来不做非分或违法的事。他担任首相多年，不但不会仗着自己官高势大到处欺压百姓，而且清廉自守、勤正爱民，绝不接受任何人的贿赂。所以，甘地的爸爸并没有为家里赚取大笔的财富。不过，甘地的爸爸却因为具有高洁的人品而深受国王及人民的爱戴，也获得妻子及儿女的敬重。尤其是甘地，他更是以父亲为榜样，有时他甚至幻想自己长大以后，也能像父亲那样受人尊敬。

父亲的品德深深地影响着甘地，但是真正督促甘地一言一行的，却是他的母亲。甘地的母亲是个虔诚的印度教徒，她有一颗清静、细腻的心。每次孩子犯了错，她不会怒目对待，也不会恶语批评，只是静下心来思考孩子犯错的原因，然后再以慎重的态度，婉转地加以劝诫。不过，只要孩子犯错，不管大错或者小错，母亲都会适时地加以纠正，绝不容许孩子一而再、再而三地犯同样的错。正因如此，母亲的谨慎小心，常常遭受孩子们的抱怨，说她挑剔成性。

有一次，甘地衣着不整地走在大街上，正好被出来购物的母亲给撞见了。母亲看不惯甘地那一副不正经的模样，当场就说了他几句。哪儿知道，甘地不认错也就罢了，竟然还理直气壮地顶撞母亲说："妈，你也未免太小题大做了吧？偶尔不修边幅又不碍事，你又何必如此……"

母亲没等甘地把话说完，就连忙摇头制止，说："孩子，不注重细节的人，必然粗心大意，而粗心大意的人能成就大事吗？再说，连自己的衣着都整理不妥帖的人，将来又如何能处理众人的大事呢？好好想想吧！我不需要你现在就向我低头认错，只希望你日后能改过。”

由此可见，甘地的母亲对孩子的管教方式，是严肃而不失宽厚的。虽然母亲对甘地的错误好言相劝，表现得和颜悦色；但是，如果甘地犯了不诚实的错误，她就会一反常态严厉指责。正是因为母亲如此注重甘地的人品，甘地才能够始终光明磊落地生活。

作为一个父亲，我在教育培训领域见了形形色色的教育案例，深深明白，在教育孩子的过程中，要认真面对遇到的每一个事件，将满怀的关爱和热情用智慧传达给我们的孩子，让他们耳濡目染家庭的和谐和爱、家庭成员间的尊重和接纳、鼓励和崇拜。而不是给孩子负面的、不和谐的，甚至是伤痛的经历和感受。

父母不再相爱，如何爱孩子

有句话是这样说的，“女人是男人的学校，很多时候男人没有毕业就退学了”，同理，孩子是父母的学校，父母能否毕业是要靠孩子来检验的。父母的身份不像婚姻中夫妻的身份，夫妻一言不合就可以离婚，各自天涯。而当了父母，你可以跟自己的配偶说“再见”，却不能跟自己的孩子说“再见”。因为，从孩子诞生的那一刻，就注定了一个事实。孩子是你生的，永远都是你的孩子。因为我跟我前妻短暂的婚姻，让我有了新的认识和感悟。夫妻之间的关系很容易就分崩离析，爱情存在或不存在都改变不了一个事实，那就是孩子身上流着两个人的血。这就迫使我们这种分开的父母要思考：如果父母之间不爱了，应该怎样爱孩子？

我和前妻因为相爱而走到一起，但婚后的生活并没有如我们所愿：一路携手，彼此爱悦，相互扶持。当然，这里面大部分的原因在我。作为一个当了爸爸的人，既没有对孩子尽责，又没能给孩子的母亲足够的爱护和安全感，我非常自责。但我一直认为，夫妻营造一个温暖的家是双方的责任，没有了和谐的爱和理解，分开也不失为一种明智的选择。放爱一条生路的同时，也让孩子在宁静的家里安全地长大。

我在孩子还不满周岁的时候和前妻分开，最初也很想孩子，隔三岔五去看孩子，但碍于前妻的态度和不理解，我只好作罢。从内心里我希望自己的孩子幸福，也希望孩子的妈妈快乐。只有孩子的妈妈快乐，才能在抚育孩子的过程中心情舒畅，爱悦和温柔。所以，我告诉自己，忍着不去见孩子，不要再去惹前妻厌烦。我能做的是定期给付孩子的抚养费，不让孩子有后顾之忧。其他的，我想时间会证明我以另一种方式的“爱”给孩子和孩子的母亲。

这就是我为什么要提出“父母不再相爱，如何爱孩子”这一话题的原因。

现实生活里，父母离婚的不在少数。尤其是“80后”这个年龄段的父母，对于家的观念要比上一辈人淡漠，很少有人委曲求全，一言不合会选择分道扬镳，孩子会被迫选择跟随爸爸或者妈妈一方生活，一般孩子很难得到父母双方的爱，有的也会跟着爷爷奶奶。但是因为离婚，老人或者父母某一方，会自私地占有孩子，不让孩子再和另一方接触，尽量回避和逃避见面，法律允许的探视权也往往因私人恩怨而被剥夺。

所以，我倡议，夫妻恩怨尽量不要转移到孩子身上。有的夫妻在离婚的时候，彼此间积聚了各种恩怨和不满，甚至是抱怨和憎恨。这些恩怨有的父母会毫无保留地倾诉给孩子听，把对方的缺点、对方的龌龊等，都一股脑儿地全部扔给孩子，自己恨对方，也让孩子恨，这种方式会让未成年的子女背负沉重的心理负担，孩子不知道如何去理解父母，容易在爱和恨里迷失自我，甚至有的孩子会厌世，对社会和感情都产生了怀疑。

我一直认为，不再相爱的父母不能成为朋友，因为彼此伤害过；但也没有必要成为敌人，毕竟彼此也曾经相爱过。

夫妻离婚后，最好能够理性地看待曾经的婚姻，没有必要全是恨，如果可以处理好曾经的恩怨，仍像其他父母一样相处，尤其是在特定的日子里，一起带孩子出去游玩，孩子会感觉父母并没有离开他，他仍然是幸福的孩子，他拥有父母双方，他的孤单和无助就会消失，内心因为父母的离婚带来的阴影也会大大减小。

一段婚姻关系的结束，毫无疑问，会对孩子造成伤害，但大部分伤害不是来自父母离婚，而是父母撕破脸皮，把自己的情绪带给孩子，或者逼着孩子站队。

比如这种话：

“孩子，爸爸不要我们了，现在只有我们母子俩相依为命了，你一定要听妈妈的话。”

“你妈这人有问题，以后你不准去找她！听见没有？”

“妈妈是为了你才没有再结婚，你一定要争气，长大了不能忘了妈妈。”

“不要像你爸那样，他是忘恩负义的人。”

这种宣泄自己情绪的话，只会让孩子仇恨父母，或者造成性格扭曲，最终害了孩子。

必须让孩子知道：他的爸爸还在，他的妈妈也还在。无论爸爸和妈妈怎么样，他都可以同时获得父爱和母爱，他能获得的爱是完整的。

随着孩子长大，让孩子理解爱是相互选择的，父母曾经相爱，因为某些原因分手了，大家都有权利各自选择自己的爱情和幸福，爱是自由的。帮助孩子合理认识爱情和婚姻，可以避免孩子从父母婚姻里吸收到更多对婚姻负面的认识，减少孩子对婚姻的恐惧才不至于影响到孩子未来的感情选择和自信心。

让孩子明白，爸爸妈妈是两个没有血缘关系的人，因为相爱走在一起，因为没有了爱而分开，但是爸爸永远是爱你的爸爸，妈妈也是爱你的妈妈。或许你又多了一个爱你的爸爸或妈妈，多了一个家。我们在一起的时间减少了，但爱更多了。

教育孩子的过程是父母的“自省过程”

一对夫妇，一旦生了孩子就成为人之父母，也就是说，孩子的出生创造了父母。生了孩子便承担了父母的角色，从而有了教养的责任与义务。有了这样的责任就产生了改变的需要。父母要想成为孩子的榜样、导师，就需要不断地学习，并且要更严格地要求自己、改变自己，甚至是重塑自己。因为有了孩子，自己开始有了责任，因为有了孩子，自己开始理解父母的不易；因为有了孩子，自己有了新的追求；因为有了孩子，自己变得更成熟；因为有了孩子，才能渐渐把原生家庭留在自己身上的印记一点点显现出来。

从这个意义上看，孩子便成了父母的“再生父母”。所以，我们要感谢孩子，上帝把他们带到我们身边，给我们新的生命、新的追求，让我们再生。如同海桑在他的诗《一个小小孩》里说的那样：

一个小小孩，如果他干干净净
衣帽整齐，如果他规规矩矩，
这可并非一件多好的事。
如果他一开口
便是叔叔阿姨好再见你好，
如果他四岁就能让梨，
这又有什么意义？
一个小小孩，应该是满地乱滚满街疯跑，

脸和小手都脏兮兮的
还应该有点坏，有点不听话
他应该长时间玩着毫无目的的游戏，
他是一只自私、可爱，又残酷的小动物，
他来到世上，是为了教育我们，
让我们得以再一次生长，
而不是朽坏下去。

我们做父母要认真负责，我们更要重视如何当好父母、扮演好这一角色、与孩子一起成长。事实上，现在许多人感到自己越来越难扮演好父亲或母亲的角色。

有些人害怕承担为人父母的责任，原因其实是内心恐慌。儿时父母过于严厉的态度带来的强烈冲击，是造成这种心理的根源。一个人越是美化父亲的硬朗和母亲的完美，他就越觉得自己承受着严格的评判。即使成年以后，也会认为自己不能胜任较多的职务，包括为人父母——他在潜意识中认为，这样的角色是留给自己的父母的，因而常常选择逃避。

拒绝承担责任也隐藏着潜意识中对完美的幻想。因为父母从没有对自己感到十分满意，潜意识就会认为："要父母爱我，我就必须做到完美。如果我不负责任，他们也就不会知道我是不完美的。"我们必须认识到这个世界不存在十全十美的人和事，偶尔犯错误比总是逃避责任要好得多。就像几米说的"世界上没有完美小孩，也没有完美父母。"

许多为人父母者担心因为工作忙碌，自己可以给孩子的时间少了，因此时常感到负疚，这其实也是一种要求完美的极端心理。对为人父母者来说，最糟糕的就是不能接受自己在抚育孩子方面的一点点缺点。每个人时不时地都会犯一点错误，成为"完美父母"只是一种幻想。事实上，成为懂得掌握分寸的父母就足够好了。这样的父母不会把所有的时间都奉献给孩子，而是能够围绕着他们生活的三个重心——夫妻关系、职业发展和父母角色合理地分配时间。

我们究竟能不能在对孩子的感化下达到自我修为，还要谨记一些原则，时时对照自己，有则改之。同样的问题，换一个角度去看，就会有截然相反的结果。

如果孩子喜欢谴责别人，是不是因为平时我们对他批评过多。

如果孩子凡事喜欢抱怨，是不是因为我们总是挑剔。

如果孩子喜欢对抗，是不是因为我们对他有敌意和强制。

如果孩子不够善良，是不是因为我们是一个缺少同情心的人。

如果孩子胆小、羞怯，是不是因为他经常被嘲弄、辱骂。

如果孩子不跟我们说心里话，是不是因为我们捉孩子的话把儿，翻老账。

如果孩子不辨是非，是不是因为我们专制，没有给孩子自主的思考机会。

如果孩子很自卑，是不是因为我们对孩子总是失望，不能耐心鼓励。

如果孩子嫉妒、敏感、怕受伤，是不是因为我们的家庭没有宽容和温暖。

如果孩子不喜欢自己，是不是因为我们对他缺少接纳、认可和尊重。

如果孩子不上进、不努力，是不是因为我们对他要求过高他做不到。

如果孩子很自私，是不是因为我们对他太溺爱，要什么给什么。

如果孩子不懂父母的苦心，是不是因为我们没有教会他理解别人。

如果孩子退缩、逃避，是不是因为总是遭到我们的轻视和打击。

如果孩子懒惰和依赖，是不是因为我们替孩子做的事和作的决定太多了。

只有时时反省自己，做不到三省吾身，哪怕一省也好。只要父母有了改变自己、努力去成为好父母的觉悟，教育出好孩子还是难事吗？

带着敬畏心当父母，仰视孩子

人最无法把控的事情，就是无法选择自己的命运和出身，没有人会询问一个小小的生命是否想来到这个世界。所以，每一个孩子都是很被动地选择了自己的父母，无论好或坏，都得去面对和承受。这就值得我们家长思考，我们要孩子是主动的，孩子的到来是被动的，那么我们有义务去为孩子营造一个好的生长环境，让他们无怨做我们的孩子。新生命来到世界，是那样的弱小、无助。他们无法行走、无法表达、无法自理。在绝大多数人的眼里，他什么也不懂、什么也不会、什么也不能做。

由此，人们自然而然地会将孩子当成需要照顾的对象，用成人的眼光俯视他们、用成人的冷暖来推测他的感受，照顾他们的吃喝拉撒，安排他们生活的一切。随着孩子慢慢成长，他们开始有了自我的意识、有了初步的语言、有了基本的运动能力，人们开始要求自己平视孩子，平等地对待他们、和他们做朋友。但是，我们的“平视”更多时候也只是一种愿望而已，骨子里依然是居高临下地去理解和看待他们。

当然，很多父母能视孩子为朋友，平等对待孩子已经算是很大的进步了。但我更希望，为人父母，要对一个生命心存敬畏。在我看来，孩子是一颗生命力极强的种子，需要土壤，需要阳光、雨露，需要父母的耕耘，家庭是他成长的摇篮。只有对种子充满敬畏，才能真正地尊重种子的权利。

同时，我们要对孩子有仰视的心态和认识，因为，孩子是成人的人生导师，我们需要向孩子学习。

不同的影响，家庭的不同环境、父母不同的言行深刻地影响着孩子早期的发展。影响着孩子的行为习惯、态度价值、个性品质、情绪情感、智力水平、学习能力等方面。因此，在谈及早期教育时，我们首先呼吁一种态度——一种敬畏的态度，我们需要一个视角——一种仰视孩子的视角！

我们需要仰视孩子！

仰视孩子，是因为他们身上潜藏着天才的基因以及无可限量的可塑性！

仰视孩子，是因为他们巨大的发展潜力以及不可超越的学习天赋！

仰视孩子，是因为他们无限旺盛的精力以及对一切未知世界的好奇！

仰视孩子，是因为他们洁白无瑕的纯真以及随时走入状态的无忧无虑！

仰视孩子，是因为他们从不自满、永远探索以及日新月异的发展与变化！

仰视孩子，是因为他们代表着不可回避的未来以及我们内心的寄托与希望！

只有仰视，才会真正地重视；只有仰视，才会真正地珍惜！

新生命带着天赋之才以及巨大的潜能来到这个世界，他们把这种机会交给了父母；新生命带着勃勃的生机来到这个世界，他们已经准备好了接受各种挑战。他们是学习的天才、发展的天才。父母要相信，孩子是没有问题的，他们的唯一问题就是遇见什么样的父母、走进什么样的家庭。

第二章 父母教育孩子常犯的错误

父母教育孩子常犯的错误

眼中只看到别人家的孩子

有的家长为了鼓励自己的孩子常常把孩子与别人相比，以此来指责孩子的不足之处。这或许是出自爱子心，可是尽做一些于孩子不利的比较，这无论对哪个孩子来说都是难以忍受的。比如，在我们全球第3届“家庭影响智慧”父母学堂上有个孩子，他在课上分享：“我有个好朋友，好得不得了。但我又非常恨他，每当我妈提起他，我就有想让他消失的冲动。”

大家都很好奇，为什么在他的心中，最好的朋友也是最大的敌人呢？原来，他的这位好朋友是他妈眼中“别人家的孩子”。他说，“无论做什么，妈妈挂在嘴上的口头禅就是‘你看看人家，你看看你。人家能考90分，你咋每次只考70分呢？人家那么懂事，你咋就这么浑呢？人家那么……你看你……’每次听到妈妈这么说，我就非常沮丧。妈妈总是把我和别人相比，而且专和比我好的孩子相比，真是烦透了！我只要和他一比，就灰心丧气，什么也不想再干了。可是我妈妈并不知道我心中有多受伤。”

有一位母亲在听到孩子在课上发出的心声，竟然在台下泣不成声。原来，没有上课之前，这位母亲从来没有意识到拿孩子跟别人比较是错的，从来没有在意过孩子的内心是怎么想的。反而认为是在激励孩子向别的优秀的孩子看齐，让他产生动力。这位母亲在课后向孩子正式道歉，并说：“妈妈也不是一开始就会当妈妈，也是在不断学习和提高，希望你能原谅妈妈以前对你的伤害。”深情相拥的母子，感动了在场的所有人。

总是拿别人的优点来与自己比较，这不是鼓励。一个孩子，如果每天在这种心情下打发日子，自然会产生强烈的自卑感。在孩子的心上播下自卑的种子之后，再让他去努力，再希望他能飞跑，等于缚住双脚。

网络上有一个“别人家孩子”的段子是这样写的：

> 茫茫宇宙中，有一种神奇的生物。这种生物不玩游戏、不聊QQ，天天就知道学习，回回年级第一。这种生物可以九门功课同步学，妈妈再也不用担心他的学习，这种生物叫作“别人家的孩子”……
>
> 这种生物考清华、望北大，能考硕士、博士、“圣斗士”，还能升级黄金、白金和水晶级，他不看星座、不看漫画，看到电脑就想骂……这种生物琴棋书画样样精通，甚至会刀枪剑戟斧钺钩叉，而我们只会吃喝拉撒；这种生物长得好看、写字好看，成绩单也好看，就连他的手指甲都是“双眼皮”的……这种生物每天只花10元钱都觉得是奢侈浪费和犯罪，优秀的“别人家孩子”啊，请不要让我妈认识你！

“别人家的孩子”似乎是神一般的存在，父母会认为自己孩子所有好的方面，别人家孩子都不比你差，而自己孩子所有不太好的方面，别人家孩子恰好都比你好一点。

父母总是看到自己的孩子懒惰成性，而别人家孩子是勤劳的小帮手；父母看到自己孩子吃饭“挑肥拣瘦”，而别人家孩子一定是荤素搭配、营养均衡；父母看到自己孩子成绩不稳定、忽上忽下，而别人家孩子一定是每次都名列前茅且依然坚持用功，每天不复习到深夜不休息，精力旺盛、双目放光，是一举手一投足都散发着智慧光芒的尖子生。

而大多数父母忽略了一个最简单的事实，“别人家的孩子”都不是天生的。父母在看“别人家的孩子”，“伤害和打击”自家孩子的时候，往往没有想过，自己是不是别人家孩子的父母呢？这种精神上对孩子的摧残，一定会给孩子留下深深的伤害。他会有无力感、会自卑，甚至没主见。因为，父母总给他一个参照物，“别人家孩子”的那种好才是好，而自己在父母眼里就是“四不像”。如果自卑感和无力感在他心灵上留下重创之后，每击一掌，他就感到自己是个“无用的人”，陷入“自我无价值感”的深渊，产生对什么都不感兴趣、破罐子破摔的心理。

把自己的孩子与别人相比，特别是用自己孩子的不足之处，与别人的优点相比，这种做法有百害而无一利。

孩子就像贝壳，各有个性，谁都不能确定哪个贝壳里有璀璨的珍珠。因此“人与人相比”毫无意义。希望不要做这种比较。对孩子的缺点，不去谈论或指责，这是上策。当你承认它是理所当然的、是正常的事情时，孩子感到这是受到表扬，效果反而好。

如果父母期待孩子有显著成绩时再表扬他，这种机会是很少的。如果你一定要做比较，那就用本人作比较。就是说，把孩子的现在与过去作比较。这样做，就会发现他有进步、有提高，孩子也感到了自己的成长。

如果孩子有了自卑感，家长应该这样做：

引导孩子正确评价自己，尤其要多看自己的长处。

帮助孩子建立适合自己的目标，期望不能过高，也不能过低——过高的期望达不到，容易使孩子灰心；过低的期望则没有激励作用。

让孩子正确评估学习困难，不要扩大困难，也不要低估自己的能力。

引导孩子树立事在人为、努力是获得成功最佳选择的信念。

语言暴力伤害孩子

孩子成长过程中，为人父母获得很多幸福，但也免不了因为孩子的淘气、顽皮或生活、工作存有压力，感到劳累大于幸福。在这样的情况下，难免会产生不痛快的心理。人一旦有了情绪，就会说出难听的语言，而这些话对于孩子来说就是一种语言暴力。

各种语言暴力让孩子很受伤，比如：“你再淘气我就打你了”“你就这样没出息吗?”“再哭就站到门外边去”“你太笨了，猪脑子吗?”“怎么养了你这么一个东西”“你给我滚一边儿去”“再哭狼就来了”“再淘气让警察把你抓走”“你除了吃，还会什么?”“说了多少次了，怎么还是记不住!”“你就是个废物!”“你怎么不去死?”“你怎么什么事都做不好?”……生活中类似的话太多了，我们作为父母，有没有审视过自己，说完这些话自己痛快了，但给孩子带来什么呢?

这些话是不是听过？我们的童年都曾经或多或少听过这样的话，这样的话语，偶尔一句两句确实不会有什么影响，但反反复复、不分场合地出现，就变成了伤人的暴力!

这样的伤人的话语，会将孩子的自尊心、自信心、生存的价值渐渐毁灭。等他长大成人，性格、社交能力、心理都会受到巨大的影响。

我已经快40岁了，但小时候受母亲语言暴力，留下的伤痕还历历在目，想起一次痛一次。

我做错了事，母亲会说：“你真没用。”

我认为做对了，但母亲不认可，就会说：“你真让我失望。”

母亲心情不好、对生活不满意的时候会说：“要不是因为拉扯你，我至于过成这样吗?”

母亲和父亲大动干戈后，会咒骂这个家，咒骂我们：“早知道是这样，我要这样的婚姻干什么？生下你们做什么?”

要强的母亲没有拥有她想要的生活，她会说：“你爸是一个废物，你是一个废物，我算倒了八辈子霉。”

……

母亲的语言暴力带给年幼的我绝望和恐惧，我以为随着年龄渐长会淡忘，以为伤害已经过去。但是，每次听到孩子们在我们的家长课上说父母也会说类似的话，我曾经的伤疤还是会被重揭一次，鲜血淋漓。

所以，当了父母，在养育孩子过程中，如果烦了、累了，如果生活没有按照自己的节奏和愿望进行，一定不要将语言暴力挥向孩子。因为孩子的内心一旦被烙下伤痕，这个伤很容易伴其一生。

很早以前看过一部电影《少年犯》，里面那些犯了法的孩子，表面看是因为不同的犯罪方式进入了看守所，但他们却都有一个共同的经历：童年遭受过父母的语言暴力。正是这些语言暴力变成了导致孩子们犯罪的凶器。

可能大多数人和我的观点一样，总以为有严重暴力倾向的人、违法犯罪的人，童年肯定受到了非一般的"精神虐待"，他们与我们在两个不同的世界。可是看了电影，我发现他们离我们一点都不远。他们也是笼罩在"怎么就生了你这么个东西""你真让我丢人""你咋这么蠢"这样的语言下的。

曾经轰动互联网的"北京大兴某灭门案"，折射出社会一个普遍存在的现象——父母在长期养育子女的生活中付出了无数的辛苦，却得不到孩子的理解，导致两代人的隔阂，甚至反目成仇。而在庭审后，警察调查了该犯罪当事人的成长经历，发现导致灭门悲剧，是因为这个孩子从小内心就充满仇恨，想要杀死父母。之所以这样，是因为在这个家庭中长期缺少爱的温暖，没有相互尊重，至少长期没有正确表达爱的方式。父亲的严厉和棍棒抽打的是孩子的身体，母亲的语言暴力伤害的是他的心灵。在这种双重夹击下，身心俱伤的孩子慢慢从常态过渡到变态，便起了杀机。

这个案例让人不寒而栗，如果我们不能好好对待孩子，或者不停地伤害孩子，无疑在为自己培养一个仇人。当父母把孩子"培养"成自己的仇人，这不能不说是为人父母的失败和悲哀。大部分中国的父母仍然是以家长至尊的观念来与孩子定位亲子关系，这是家庭教育的失败。在不对等的家庭关系中，孩子的话语权往往被忽略，甚至被压制。换句话说，孩子在家中没有地位、没有平等、没有言论自由，一切都是专制，在一个充满霸权主义的家庭中能有多少温馨？在这样的家庭成长的孩子，极易选择出走，或是走向家庭暴力，或是向社会复仇。

长久以来，很多人意识不到语言也能成为暴力，因为它不留痕迹，但伤害却更持久。有人形象地把对儿童的语言暴力，比喻成一颗定时炸弹，它只会在行凶者离开现场足够久之后才会爆炸。在我们第 16 届“家庭影响智慧”父母学堂培训过程中，有一位妈妈跟大家分享了一个真实的故事，关于一个母亲对孩子进行语言暴力产生的影响：

> 有一个女孩，小时候跟父母住在一个有很多邻居的四合院里。父母都是老师，为人谦和，但是对孩子的管教比较严格，认为“严是爱，松是害”。
>
> 一天，已经上小学的她竟然尿床了，她既紧张又害羞。妈妈很生气，站在院子里一边收拾被褥，一边当着邻居埋怨“这么大个姑娘还尿炕，人家 2 岁的小孩都比她强！”如今，已经 36 岁的她还能记起当时的感受：“想找个地缝钻进去。邻居都在院子里听我妈嚷嚷，还有小伙伴在笑我，我就像被扒光了衣服站在那里，没有一点尊严。”
>
> 更糟的是，成年后的她一直有失禁的问题，看了很多医生也不见好转，为此她一直无法结婚，很长一段时间她和她的父母都认为这是生理问题。
>
> 直到看了心理医生，才知道这个问题是儿时那次事件的创伤后遗症，与她小时候承受巨大压力有直接关系，她说，她这辈子也无法原谅妈妈。

可见，语言暴力对于孩子的伤害不比棍棒伤害小。父母为撒一时之气，口无遮拦说出去的话，就像射出去的箭扎在孩子身上，而这种伤不是好了伤就不再痛，是要伴随这个孩子一生的。

不信任孩子更不信任自己

在全球第 30 届“家庭影响智慧”父母学堂课上，我问学员：“你们作为家长信任孩子吗？”有的说信任，但底气不足；有的说，要看孩子做什么事情，有时候是不能让人信任的。我相信，现实生活中，很多家长习惯于凭直觉教育孩子。一发现孩子学习成绩下降，就怀疑孩子逃学去网吧；一看到孩子上网，就怀疑孩子在浏览不健康网站；一看到孩子和异性交往，就认定孩子在早恋；一听到有人给孩子发短信，就怀疑对异性想入非非，定要自己检查一下才放心……

事实上，我接触了的大部分家长朋友，说出“信任”二字容易，真正做到对孩子无条件信任却很难，而且多数父母在浑然不觉的情况下会犯不信任孩子的错。有些父母甚至会焦虑地说，孩子做什么事情都不让我放心。我们看看下面的场景，是不是很熟悉？

要求孩子在房间学习，却总不放心，偷偷在门外听动静，甚至不停进去打扰，理由是怕孩子不好好学习偷懒。

明明让孩子按照自己的喜好穿衣打扮，还是会对孩子的着装风格指指点点。

孩子分享一个好玩儿又夸张的事例，会对孩子说，你又瞎说呢吧。

孩子说自己长大可以当宇航员，会说孩子，你真能吹牛。

孩子想参与大人的话题，会说，小孩子不懂事，瞎掺和什么？

孩子想独立完成一件自己力所能及的事，会说，你还小，做不来。

孩子想对一件事表达自己的看法时，会说，小孩子的话咋能作数？

所以，信任绝不是父母嘴上说的那么简单和容易，一不小心父母就会犯不信任孩子的错。其实，在我看来不信任孩子就是父母不信任自己。因为自己的内心有不确定或不安全感，才会对孩子产生怀疑。

在家庭教育中，信任是一项至关重要的内容，看看下面这几个简单的案例，信任是怎样把一个普通的孩子变成了奇迹的。

亲友不安地问一位母亲："您的孩子为什么总是一个人发呆？是不是神经有毛病啊？还不趁早带他去医院检查检查？"这位母亲坚定地说："我的孩子没有任何毛病，你们不了解，他不是发呆，而是在沉思。他将来一定是位了不起的大学教授。"这个孩子就是爱因斯坦。

一个美国男孩15岁时告诉母亲说自己将来一定要竞选美国总统，母亲这样回答他："孩子，我相信你能行。妈妈也曾经有这样的梦想，只是当我觉得我做一个让病人喜欢的护士更合适时，我就放弃了。现在对你来说，也许正是实现这个梦想的最好时机。"这个孩子就是日后成为美国总统的克林顿。

一个孩子说："我要跳到月亮上去。"妈妈微笑地说："好呀，但是，可别忘记回来呀！"这个孩子就是第一位登上月球的地球人阿姆斯特朗。

上面三个例子中的母亲之所以能说出这样的话，不仅仅是因为她们相信自己的孩子，更在于她们相信自己。这样的父母一定是在早期成长阶段没有受到限制或创伤，成长为自信且充满能量的人，从而把这份信任投射到了孩子身上。父母有多相信，孩子就有多坚定。

信任，是一种很巨大的力量，也是一种尊重。对孩子说，"你当然可以的，妈妈相信你"是对他的价值和能力的肯定。虽然他可能还无法意识到这一点，但是他肯定明白自己是受到了"重视"。而这，往往可以激励孩子为他的目标付诸努力。信任的力量正在于让孩子觉得"我能行"。对于孩子来说，父母的一句话，好与坏，都会成为他一生中具有重要意义的话。所以，即使是开玩笑，也要避免说具有负面影响和不信任孩子的话。

父母过权威瘾让孩子服从

权威，很多人都喜欢，因为有高高在上管制别人的快感。而越来越多的父母认为做权威型的父母才是智慧父母。有句话说，“孩子在家里，一定要有一个他怕的人。”这种让孩子“怕”的想法，就是父母的权威瘾在作怪。孩子“害怕”家长是一种正确的姿态吗？什么才让人害怕？只有一个人能强制别人，一旦不按照指示去做，就要付出代价，这才会让人“害怕”。父母与孩子之间，如果追求的是一种让孩子“服从”或“无条件服从”，这样的父母能是合格的父母吗？或者更贴切地形容应该说是喜欢过“父母大人”瘾。

我曾经在课堂上分享了一个案例：

> 14岁的小刚同学早上起来吃完饭准备去学校。妈妈见他只穿了一件内衣和外套，就要小刚加一件毛衣。小刚却认为就这样穿最合适，妈妈却坚持说：“你看我都穿了毛衣的，你不穿毛衣是要感冒的……”
>
> 为此，两人争执不休。最后，小刚屈服了，按照妈妈的要求加穿了一件毛衣，但心中闷闷不乐，出门的时候使劲把门带上，发出“嘭”的巨大响声。妈妈在后面跟了一句：“哼，犟牛！”

呵呵，到底谁犟？

尽管这只是一个小插曲，其中却有许多心理学的含义。心理学常常要关注这些不起眼的生活细节和再平常不过的交往模式，正是那些不被我们注意、不断重复的平常模式在对孩子性格的养成产生着巨大的作用。

母亲和孩子这样不断互动，结果是，孩子学会了如何压制自己，不让自己说“不”，延伸到生活中的方方面面，甚至带进成年的生活，去顺从他人的要求，不断顺从的结果就是不再去表达自己的真实感受和需要，甚至很难说“不”，让自己的心理边界被侵犯。我们不是要让孩子去做自己吗？但许多父母的行为却背道而驰。

其实孩子按照自己的感受去穿衣服有可能是合适的，也有可能是不合适的。做家长的，聪明的做法是建议后就不再吱声了，让孩子按照自己的想法去穿衣服，如果没有感冒，说明孩子的体质很好；如果感冒，他就能理解妈妈的建议。到了下次，不用妈妈说，孩子也会给自己加衣服。

有一位家长听了我们第26届全球“家族影响智慧”父母学堂课程，非常愧疚当初对家庭教育的无知，她感到深深的忏悔：

晚上，女儿做完作业开始玩电脑，我开始检查她的作业，这是老师每天布置的“任务”。

“英语好像没听吧？”我问。

“听了几次了，你自己没注意听。”女儿嘀咕着。

“拿出点读机，再听几遍。”我吩咐道。女儿不情愿地停了电脑，拿出了点读机。

“40～43页听5次，读一次。”我说。女儿叫了起来：“43页老师还没教过呢，不会读！”

“只有短短5句话，怎么不会读？你听几次不就会读了吗？”我皱起了眉。

女儿又叫道：“老师没教过，就是不会读！何况老师又没说读。”

我有点恼火：“叫你读一次就这么难吗？这么一点点东西？”

女儿依旧不服软：“不读，就是不读！不会，就是不会！”

我拿她没辙，只好摆出母亲的“架子”：“今天你不读就给我站在这里，什么事也别想干。什么时候会读了再出去玩！要不就不要吃饭。”

女儿的眼圈红了，但是她还在嚷嚷着“不会读”。这时，她爸爸也没忍住叫起来：

“今天你不读英语，就永远不准玩iPad！”这一招果真有效，女儿的眼泪汹涌而出，她的口气也软了下来：“妈妈，我读，我会读。”但是她明显很委屈，因为她一直哭个不停。

“要读就给我认真点儿，不准哭！”我命令道。可是女儿竟然越哭越大声，而且一直哭个不停。好一会儿，女儿依旧抽泣个不停，我开始冒火了："你再哭，你再哭，去站在门外哭去，听了心烦！"女儿就是不停。这时候，还在气头上的我走了过去，在女儿的手臂上狠狠地扭了两下。最后，女儿"认输求饶"，读了英语。只要两分钟的事情，一家三口整整闹了一小时，闹得大家都心烦气躁，闹得孩子挨打挨"处分"才最终收场。

这个案例中的父母就是在过"家长权威瘾"，他们认为自己坚持的是对的，所以，哪怕孩子反抗、有不满不乐意，他们依然不为所动，利用着他们认为高高在上的权威，逼迫孩子去做她不愿意做的事情。

权威瘾过大的父母喜欢独裁。这类父母表现出来的就是缺少爱心或耐心，管理方式粗暴，形成专制型家庭教养模式。在这种家庭中，孩子的人格、自尊、意志、权利不被尊重，亲子关系是一种命令与服从的关系。这种教养方式下孩子易产生不信任感，形成戒备心理严重、自卑、消极、暴躁、懦弱、依赖或反抗权威等人格特征。

专制型父母对子女的行为有较高的要求和标准，这些要求和标准甚至不近人情，子女没有丝毫讨价还价的权力。但他们对子女的反应较少，缺乏热情，强调子女顺从，崇尚权威和传统等。这种抚养方式使青少年表现出焦虑、退缩及反抗等负面情绪或行为，青少年的适应能力也较低。

这样的父母，扮演的是指挥官。他们的信念模式是：必须听我的、孩子应该对我顺从、听话、感激、好好表现；行为模式是：将严格的规则强加给孩子，不允许灵活，施加压力，灌输恐惧，忽视孩子感受，相信只有一条道路是正确的，孩子是自己的财产，喜欢发号施令，要求服从，唠叨，过度保护、溺爱孩子或者羞辱孩子，要求完美、挑毛病。

在权威型父母控制下的孩子，会变得不再敢于向权威挑战。所以，才会出现那种"太尊重老师或长者的意见"的年轻人。变得过分"尊重长辈"的规矩，不敢有自己的想法，这是一种固化的思维，长辈是对的，或者长辈不对也是对的。

汉语中“还嘴”“辩嘴”或“强词夺理”之类多是形容不听话的口语，因此，在家里不能习惯性对父母“顶嘴”和“还嘴”，那么，将来在课堂上就会保持安静、沉默、复制出教师认为重要的东西或照着教师的指令去做来表示对教师的尊敬，不敢越雷池一步，导致言语流畅者寥若晨星，于是，在其他方面都很聪明的孩子，在创造性、言语流畅、有说服力地论证、自我表达及刻苦完成深层次作业等方面的发展情况，肯定相比其他的学生要逊色。

所以，这是我们要加以深刻反省的。

反观一些发达国家如美国，人们多有与权威挑战的心态和喜好，你越权威，越有人“找茬”，科学的进展，也就是不断挑战权威的过程。反映到对待知识的态度上，美国人多是采取怀疑一切的态度；至于学习知识的方式，则提倡个人要进行创造性的学习。同时，西方人因强调个人至上，注重培养孩子的自我表达能力，以便使别人能理解自己；而中国人因强调权威，进而注重培养孩子倾听别人表述的能力，以便使自己能理解别人。中国人缺乏必要的自我表达训练，因此，中国人的自我表达能力普遍较差，再加上中国人喜含蓄，汉语言又有一定的模糊性，言不尽其意之处甚多，这都是造成中国人的人际关系易出现障碍的直接原因。

把考试分数当成了最高目标

在我们青少年训练营里，有一个孩子在我看来特别优秀，会弹钢琴，还会画画，平时写的作文也很不错。我跟孩子的父母说这个孩子培养得不错。结果这位孩子的爸爸说：“如果去掉学习成绩这个因素，孩子的综合素质的确还行。但是，她的数学和英语成绩一点儿也不好。总让我们头疼，每次家长会，我都特别害怕老师提起孩子们的成绩。”听他们这么说，我就在想，孩子的数学和英语估计都不及格。

因为我在读书的时候，就不太喜欢数学，总是考不及格。于是又问他们："那孩子的数学和英语成绩最低考过多少呢？"

"别提了，都考过80分。"妈妈带着焦虑的心情抢话说。

我开始以为自己听错了，以为是最高考80分，跟那位爸爸确认后，才发现，他们口中所说的孩子成绩不理想，是指考最低一次80分。

这样的成绩还算低，实在让我这个上学时总不及格的人汗颜。要是我的父母也那么苛求成绩，我一定被打得皮开肉绽了。

按理说，这样的孩子会唱会画会弹琴，父母也应该满足了吧？但他们却一点儿都不，他们认为孩子这是"正事不行，闲事有余"。和大多数家长一样，他们眼中的"正事"当然是文化课成绩。在他们的思想观念中，文化课成绩好，才是真的好。

说到考试成绩，现在的父母或长辈似乎都有一个惯性，见到小孩子，总是先问起期末考试考得怎么样，考得好的孩子会自豪地说，100分，考得不好的孩子，低头脸红一言不语。可见，成绩已经变成了至关重要的"问候语"。

为什么中国的父母如此看重孩子的成绩？其实道理很简单，说得通俗一些，就是自从中国大学扩招以来，孩子的成长道路似乎被设定为：成绩好，然后考上好的大学，找到好的工作，认识优秀的朋友或团队，有好的前途。因为这样才是大众化的，获得公众认可的最稳妥的成才路径。有了这个成才导向，家长就把孩子的成绩当成了问路石。

现在，一个家庭基本只有一个孩子，父母的荣耀与梦想都由这唯一的"宝贝"来实现。实现的方式，往往是父母在家长会上拿到一张闪耀的成绩单。

很多孩子不明白，为什么爸爸妈妈紧锁的眉头与开心的笑脸，总是在成绩单面前频繁变换。

其实家长也很无奈，面对千顷地里的那棵"独苗"，无法享受耕耘的快乐，总是品味守候的恐慌。说到底，这是一场不能失败的教育实验。

我们看几个场景：

场景一：

“你这次数学考了多少分？在班里排多少名?”妈妈见儿子放学回家，赶紧迎上去接过书包。

“这次考了 80 多分，名次还和以前差不多……”儿子轻描淡写地答道。

“第一名考了多少分啊?”

“好像是 90 多分吧!”

“这么说，你离第一名的距离很大呀!”妈妈惊叹道!

“嗯，反正我的名次没下降，我也努力了!”儿子一副不以为然的样子。

妈妈心里有一丝不满，儿子的语气透露出“比上不足，比下有余”的优哉游哉。这说好听点儿叫“淡泊名利”，说难听点儿叫“不思进取”。

于是，一番思想教育就此展开：“儿子，你的成绩‘稳定’得很啊！就你这样，离第一名差十万八千里呢！你知不知道，高考的时候，差一分就可能会名落孙山呢！你呀，真不知上进……”

场景二：

一个孩子因为在父母总是强调好好学习、考高分的情况下，说出了这样的话：

“自从上了初中后，最令我心烦的就是你们整天总对我要求太高。

‘你看你现在的生活条件多好，要啥有啥，比我们小时候强多了。你可要好好学习，将来考一个好高中，然后再考上一个名牌大学，那样长大后才能找到一个好工作，才不辜负我们的苦心。’

每当听到这些话，我的心中就有一种莫名的迷茫，总觉得我的路好长好长，没有尽头，好像自己被判了无期徒刑。

现在你们看我有一点儿空闲的时间，心里就不舒服，就要唠叨我几句。只要看到我手中拿着书，你们就会满足，就会放心。

爸爸妈妈，你们知道吗？我整天都在无奈的学习中度过，所以，你们就不要再这样逼我了，不要老把名牌大学挂在嘴边，好吗？请给我一点休息的时间吧！

通过上面两个场景，我们发现，对于爸爸妈妈过分在意的成绩，孩子已经很尽力，甚至已经筋疲力尽，孩子心理压力很大。

其实，真正的好成绩，一定不是分数高。在我看来，分数不等于成绩。哈佛大学教育学家、心理学大师霍华德·加德纳通过研究，将人的智能分为“八大智能”，也就是八种能力。它们分别是语言智能、数学逻辑智能、视觉空间智能、人际智能、音乐智能、肢体运动智能、个人内省智能和自然观察智能等。

脑科学家证明：每个人都有这八种能力，但每个人都有自己的优势智能。无论用什么方法，想要将孩子先天的弱项智能提升为强项智能，可能性都很小。

所以，我们不可能让孩子在八大智能上全部突出。如果让擅长数学逻辑的孩子去跟郎朗比钢琴、去跟金庸比写小说，那孩子一定苦闷至极。明智的做法是细心观察，找到孩子的优势智能，帮其逐渐发展。

所以，没有学习不好的孩子，只有不会教育的父母和老师。

事实上，并不是父母的期望越高，孩子就会按着父母所期望的那样成长。有时，父母对孩子抱有过高的期望并不是好事。如果孩子总是被要求只能考第一名或者只能考90分以上，那么，孩子接受到的暗示就是：只许成功，不许失败。在这种暗示的影响下，孩子就会变得十分惧怕失败。也许他们曾多次体验过成功，但因为父母的这种教育态度，他们对“失败”

会有一种特殊的敏感，因为这种敏感，他们会把失败的感觉放大，会对失败有一种莫名的恐惧感。往往在这种恐惧感的驱使下，孩子会拒绝尝试新事物，久而久之，孩子就会封闭自己，在学习中变得被动、消极。而孩子一旦有了这样的信念，等到他长大成人的时候，也会因为内心惧怕失败，或者害怕自己努力了却成绩不够理想，而举步不前，不敢尝试。因为在孩子很小的时候，父母只灌输了孩子“赢”，而没有教会孩子如何“输得起”。

父母的欲望有多大，孩子便有多累。将心比心，我们在现实生活中难道每天都在进步吗？我们每个人在同龄人群当中都是佼佼者吗？不是！我们做不到的事情为什么非要让孩子一定做到呢？哪一个孩子不想当最好的？只要是尽心、尽力了，有点闪失又有什么关系呢？

我们应该给孩子空间，不要苛求孩子！不是时时刻刻盯住孩子的空闲时间和成绩，而要时时刻刻关注孩子的心里是否徘徊、孤独，是否缺爱！

给孩子提出的目标，应该是他经过努力后可以实现的，而不能不顾孩子的情况，盲目要求。比如，孩子上次的语文成绩考了 80 分，下一次您可以让她争取考 85 分，而不要一下子要求孩子考个满分；孩子平常能坚持每天背 5 个单词，您可以进一步要求他背 6 个单词等，而不是把考试分数当成最高目标，用这种方法直接扼杀孩子学习的兴趣和积极性。

……

不人道的身心惩罚，无原则的过度赞美

有位母亲在上了我们的课，经过心理疗愈后，跟现场学员分享了她的故事。她说：“不久前，我一怒之下打了孩子一巴掌，想不到他竟抓起一只短凳朝我扔来，险些砸在我的头上。他还恨恨地说，‘走着瞧吧，过几年再算账！’想想儿子的话，我的心都凉了。”

前十几或几十年，父母奉行“棍棒底下出孝子”，认为孩子一定要打，

不打不成器。事实上，这是一种过时和残酷的不人道惩罚孩子手段。试想，哪个孩子在身体受到严重击打的情况，心理能安然不受伤害的呢？如果问现在的父母，还打孩子吗？我敢说，父母还是会打孩子的，可能只是比老一辈的父母有所收敛，但真正能做到完全不打孩子的家长，少之又少。

我给大家讲一个事例：

我认得他是我们小区一个邻居家的孩子。他们是一家三口，女主人很和气，见人总会打招呼，男主人很少对人笑，偶尔会看见他一个人躲在楼道里很凶地抽烟。

小男孩胖嘟嘟的，每次见了我都很热情地叫我“叔叔”。可就是这样看起来“品性纯良”的三口之家也逃脱不了“打孩子”的命运。

后来在小区花园里玩，看到一个小朋友正被妈妈教训，正好楼下的小男孩也在场，于是跟他聊起被打的事情。

我问他，“你爸妈打你吗?”我以为他会有所顾忌，但没想到他很大方地说，“打啊!”

“他们拿什么打你?”

“衣架！铁的衣架死命地打!”

“打你哪里?”

“全身都打。”

“你被打的时候心里怎么想的?”

“恨不得拿刀杀了他们。”我心里“咯噔”一下，赶快掉转话题。

“那他们不打你的时候，是不是也很爱他们啊?”

“是啊，特别是他们带我看电影陪我玩耍的时候。”

……

孩子能说出“恨不得拿刀杀了他们”这话，绝不是危言耸听。一个没有反抗能力的孩子在父亲或母亲的不人道的惩罚下，他的心灵那一刻一定是悲凉的。家长对孩子动辄打骂，总会潜移默化地影响到孩子，经常挨打不仅容易使孩子养成暴躁的性格，在行为上也会模仿。当孩子与他人相处不如意的时候，当遇到某些不良刺激的时候，很容易产生攻击行为。有的孩子离家出走、浪迹社会，最终走上犯罪道路与父母的打骂不无关系。

有一句是这样说的："当父母对着年幼的孩子举起拳头，挥起巴掌的那一刻，就是向孩子宣布自己是无能的。"

在我看来，动用暴力的父母是最无能的父母，因为这样的父母首先控制不了自己的情绪。如此一来，就会丧失在孩子心目中的威信。

有个6岁的孩子挨了父亲的打之后，指着父亲说："你有什么本事？就会欺负小孩！"父亲说："我打孩子反而让他瞧不起我，当时真有点儿无地自容的感觉。"

打孩子带给孩子的不仅仅是皮肉之苦，更多的是心里的苦。孩子虽然幼小，随着年龄的增长，自尊心会越来越强，打孩子会对孩子的自尊心造成严重损伤。有的孩子越打越"顽劣"，从逆反、对抗发展到破罐破摔、自暴自弃。责打下去，孩子会被迫学会说谎；有的孩子慑于父母的压力，表面服输，内心不服，来个"好汉不吃眼前亏"，学会了见风使舵，看人脸色行事的不良性格。

有的父母不管孩子犯多大的错误，都要进行一番教训，虽然孩子在压迫之下会承认自己的错误，但孩子肯定会有再犯错的时候。孩子在遭受过家庭暴力的皮肉之苦后，内心留下严重的阴影，更不会勇敢地承认自己的错误，因为孩子害怕再被打，所以更多时候会选择撒谎来隐瞒自己的过错，长此以往就会养成不敢承担责任的习惯。而在走上社会后，不愿承担责任而选择逃避和说谎的歧途。

还有一种棍棒，不是直接打在孩子身上，是夫妻之间的暴力对孩子产生的间接伤害。虽然夫妻之间的暴力不是直接作用在孩子身上，但对于孩子的伤害同样值得重视。

夫妻之间长期的不和谐对孩子的伤害是非常隐性的，有些父母往往忽视了这点。当夫妻之间产生家庭暴力时，虽然没有直接作用于孩子肉体上，但却间接地给其传达了错误的婚姻价值观，产生精神上的伤害。就如丈夫经常用家庭暴力对待妻子，孩子在一旁哭泣不停，这时的孩子内心是高度紧张和恐惧的，长此以往就会形成婚姻充斥着暴力的心理阴影，如果是女孩，长大后很有可能讨厌接触男性，或对婚姻产生厌恶感。

家庭暴力给孩子带来的心理扭曲是不可逆转的，长期成长在家暴环境下，孩子很可能性格内向、不善交际，被身边的人嘲笑，继而引发抑郁症或人格分裂等。

遭受到家庭暴力的小孩，因为长期处于紧张恐惧之中，所以对精神上的伤害是非常大的。长期处于家庭暴力下的孩子，会对“虎爸虎妈”的暴力印象留下阴影，一想到便会不自觉地害怕，很容易在今后表现为性格懦弱、胆小如鼠。导致长大工作后面对比自己强大的对手时，很容易出现退缩心理，无法在工作中有突出表现。而在与人相处时，因为性格懦弱，常常受到欺负却不敢反抗。

我从懂事起，就生活在一个并不和谐的家里。经常承受母亲的语言暴力，母亲不停唠叨父亲，而父亲却用另一种暴力——沉默来对抗。家里一天一小吵，三天一大吵。鸡犬不宁的日子总让我感慨，怎么我们的家会是这样的，家就不像个家呢？

我认为，在不和谐家庭成长的孩子，经常被迫看到父母的冲突，造成安全感不足，别人认为是安全港湾的家庭，在他们看来是很想逃脱的魔窟。因父母的相处模式，他们不能和他人很好地表达自己的情感需求，对人有强烈的防备心理，甚至会效仿父母解决问题的方式来处理与他人的关系，社会适应性差，学习能力低。这也正是家庭暴力对孩子最大的伤害。一个不会去爱、没有安全感、每天提心吊胆于家庭成员关系的孩子，怎么会有力量去爱，会有能力去与他人建立亲密关系呢？

而我在我原生家庭里形成的那种信念，也悄然被复制在了我的新家。

当我跟前妻生活中出现了摩擦，她在抱怨和唠叨甚至出现语言暴力的时候，我选择的也像父亲当年那样——沉默。而我的沉默在今天看来，其实也是一种对抗。这种对抗促使另一半没有更多的宣泄和出口，导致情绪会越积越多。我之所以能认识到这点，是因为我学习了很多疗愈和心理课程。后来做亲子教育才发现，有些经历过家暴的父母在教养自己的孩子方面因为自身的成长创伤，在教育上采取和自己父母类似的方式，对自己的子女进行打骂或者精神暴力，并常与伴侣发生家庭暴力行为，也使自己童年的悲剧继续在自己的孩子身上重演。

其实不管家庭暴力以哪一种方式呈现，都会给孩子、给受到暴力对待的伴侣带来无可弥补的心理创伤。这种创伤对人的一生都会是持久的负面影响。在这里，呼吁已身为父母者，抵制家庭暴力，从自己做起，莫要让悲剧再一代代地延续下去。

也有家长说了，我们不伤害孩子，就时时刻刻记得赞美孩子呗。我想说，这样也不对。如果父母是无原则地过度赞美，对孩子来说也是一种伤害。

因为，赞美是完成一件事的时候所给的奖赏，它注重的是个人利益，也通常是有权威的人（比如父母和老师）看到孩子达成某个目标的时候，表示高兴而给的嘉许。这个过程一定要有成功的事实才行，否则得不到。而鼓励却不一定要在成功的时候才给，凡是有努力、有用心、有改进甚至于有兴趣了，都可以给予。鼓励表示是对孩子的优点、长处、贡献、成就都看重，孩子得到的不是奖赏，而是肯定和接纳。鼓励可以随处应用，因为处处都找得到可应用的地方。

赞美和鼓励所输出的信号也不同，父母赞美的时候，所说的是：“孩子很听我的话，做得很好。”焦点是父母很高兴，原因是孩子照着他们的话去做了。有的孩子对于这种要求和期望，有喘不过气来的压迫感。鼓励所传达的信息是：“最重要的是，你自己觉得是不是用心去做了。”

两种方法造成的结果也很不相同。用赞美的方法，孩子学会拿别人的目标来衡量自己能力的高低，他们学会了跟着别人走。怕别人反对，就得服从、讨好别人，这种态度的危害是，孩子把别人的赞美和自己的价值合而为一，以后会招来挫败感。因为他们可能会用不切实际的标准来衡量自己的价值，拼命想达到完美——可是谁是完美的？孩子很可能觉得除非有人赞美，不然就是自己不行，于是他们的选择，做的决定，都取决于别人的赞美而不取决于自己的兴趣。所以，赞美虽然出于好意，其实对于孩子来说是做了一个裁判。比方说“你真是个好孩子”这句话所含的期许可不是孩子轻易就能达到的，如果他有时候不“好”，是不是表示他就是个“坏孩子”呢？又比如说：“我们真以你为骄傲”这话的意思其实是“你真给我们长脸”。这些都是赞美传达的信息：父母站在比较优越的地位来嘉许孩子。

马斯洛需求层次理论告诉我们，每个人都有自我实现的需要。孩子的心中都有向好的心理需求，过度的赞美会使孩子的向好行为动机外化，人为地“世俗化”。

被赞美“喂大”的孩子，将会视赞美为生活的常态，一旦孩子做出任何自己认为好的行为后，都习惯性地期待别人的赞美。如果，当孩子离开家庭走向社会，出现什么“好”行为没人赞美时，他还能不能将这样的行为继续下去？更严重的结果还可能是，在一个没有多少表扬的环境里，他原有的那种“赞美常在”的秩序感将受到严重威胁，进而很容易产生焦虑不安、自我怀疑等情绪体验。

所以，无论是不人道的惩罚，还是过度无原则的赞美，对于孩子来说都是伤害。

要么不闻不问，要么包办替代

我缺失了孩子童年中很多的第一次，第一次走路、第一次唱歌、第一次背诗歌、第一次自己吃饭，回家看孩子的次数越来越少，孩子看我的眼神也越来越生。因为和前妻分开，为了让孩子从小在妈妈的抚育下快乐成长，我选择了远远地守候。大部分时间在东西南北四处讲课，不是在飞机上，就是在赶往机场的路上。我很少能见到孩子，对于我来说这是一个遗憾，是当爸爸的缺位。

我总是戏谑自己像一个被留守的爸爸。这也就让我对于那些留守孩子格外上心。很多父母在孩子很小的时候就把孩子交给了爷爷奶奶或姥姥姥爷去照看，这就造成了很多留守儿童。

我们在新闻和网络上不断看到留守儿童因无人监管或者老一辈人监管不力使得孩子受伤害甚至失去生命，那些没有受到身体伤害的留守儿童，也是日复一日忍受着精神的伤害？而这些把孩子变成留守儿童的父母，他们怎么能是合格的父母呢？

在农村，这种现象十分普遍。其实，确切地说，在整个中国的农村，这种现象非常普遍。年轻的父母丢下年幼的孩子出去打工，美其名曰为了孩子美好的将来，随意地将孩子扔给年迈的祖父母。于是，这些孩子便有了一个共同的名字：留守儿童。

中国留守儿童的父母到底挣了多少钱？不知道。反正挣钱不挣钱，他们都将抚养教育下一代的责任轻易地卸掉了。他们的青春没有虚度，他们的精力十分旺盛，他们的日子舒心惬意——因为，他们已忘了自己的责任。

中国的老人很累，因为他们不但养大孩子，还得养孩子的孩子。他们大部分不是含饴弄孙，而是被逼无奈。

所以，作为新一代的父母，为了不走自己父母的老路，不用苦累无奈的同时，间接推卸养育责任。我们要学会如何当父母、如何变成合格的父母，既不给父母添麻烦，又不让孩子幼小的内心充满无助和凄凉。

在中国，隔代抚养已不是新鲜事，但随着第一代独生子女“80后”陆续成为父母，“双爹妈”现象及由此产生的问题开始凸显。

"双爹妈"现象，即爷爷奶奶、外公外婆管生活，爸爸妈妈带着上培训班或外出游玩；一个是生活上的"爹妈"，另一个则是精神上的"爹妈"或者"玩伴"。

"80后"年轻父母的特点是生活能力较差，但大多受过高等教育。在生活上依赖父母，在教育理念上却与父母有巨大差异，自然会产生分歧与冲突。而此时，"80后"又会将自己在成长中所遭遇到的与父母的矛盾投射到自己孩子与孩子祖父母的关系中，导致矛盾难以调和。长期处于代际冲突或者父母冲突中的孩子，其人格发展会受到挑战，有可能会发展出虚假自我。虚假自我是指一个人压抑自己的观点、思想和情感。长期表现虚假的自我会导致缺少爱好、压抑综合征以及低自我价值，严重的情况下还可能会使人做出自我毁灭的行为。另一个极端是成人之间的冲突与矛盾不断，但每个成人又会不停地讨好孩子，使孩子最终无法承受。

所以，父母把抚养责任转嫁给上一辈人的行为，属于不负责任的不管不问，最终受苦的是孩子。而相对于这种不闻不问，另一个极端则是过度去"爱"孩子，凡事包办替代，形成了一种错爱，也就是溺爱。

父母在爱孩子上，很难掌握一个度，一不小心就会把爱变成溺爱而浑然不觉。溺爱是过分的爱，即娇宠、姑息、迁就、纵容。溺爱使孩子变懒、变弱、变自私、变得冷酷无情。最严重的会毁掉孩子，尤其把孩子交给老人照顾，这种溺爱现象就会更多。有些长辈特别是一些爷爷奶奶们，年轻的时候由于工作忙没有精力照顾孩子，且脾气暴躁，年纪大了总觉得对不起孩子，所以就把所有的关注都给了孙辈，在对待孙辈的时候脾气特别好，过分溺爱孩子，对孩子的缺点和错误视若无睹，对父母教育孩子起一定的阻碍作用。

在地铁上，当时车厢里坐满了人，一位老大爷带着孩子，看没人让座，老人便开始指责旁边一名女子。当时这名女子正坐在座位上，低着头，好像在打瞌睡。面对突如其来的谩骂，女子一脸茫然，过了好一会儿才反应过来，想为自己争辩几句，却不料老人还要动手打人，并继续指责那名女子“没素质”。于是，两人就吵了起来。争执中，被骂的女子和她邻座的一名白衣男子都站起了身，老人就这样“夺得”了座位。后来，在其他乘客劝说下，两人才平静下来。地铁前行一段路程，老人又与邻座的另一名女子发生了一场戏剧性矛盾。女子上车后，坐在老人旁边的空位上，老人怀里的小孩顽皮好动，小脚不小心踢到了女子，女子让老人约束一下小孩，老人却指责女子“不能忍就不要来坐地铁”。

看完这则新闻，我不禁感慨：又一个非常无辜的孩子，马上就会被老一辈这种无边无尽的无私的“爱”给毁掉了。

所以，这就是我们孩子面临的最矛盾的爱。这种爱不是真正的爱，而是“错爱”。而这种没有原则没有底线的爱，会导致那些对于我们中国孩子、中国游客，甚至上升到整个国家的负面评论层出不穷。不是说我们中国人没素质，就是说外国的旅游景点独独用汉语标示出禁止事项，还有更多的网络图片显示，我们的孩子不是在攀爬雕塑，就是攀折人家的花草。如果父母和长辈不是从小溺爱孩子，孩子就应该知道哪些是对的，哪些是错的，而不会经常去犯一些在别人眼里不可思议的错。

很多孩子从小就受到家长的宠爱，孩子上小学了，衣服要家长穿，书包要家长背。有些孩子上初中了，被子要家长叠，起床要家长喊……对于这一切，很多家长都习以为常。有一些家境富裕的家庭，对孩子的物质需求无节制地给予满足，这样的孩子从小就过着骄奢淫逸的生活，他们不懂得生活的艰辛，不懂得通过自己的努力去创造财富的道理，缺乏为生活而奋斗的体验。

一切都给孩子，牺牲一切，甚至牺牲自己的幸福，这是父母给孩子的最可怕的礼物。对孩子爱得适当、爱得合理，才能使孩子得以健康成长，溺爱孩子，其实就是害了孩子、毁了孩子。

害怕输在起跑线上的不是孩子是父母

教育培训班、家长，甚至还有老师，很多都被一句话洗脑，这句话就是“别让孩子输在起跑线上”。所以，各种各样的补习班、培训班、特长班如雨后春笋般出现。目的不外乎就是一个——“迎合这种不输”，人为去打造“起跑线”。

我在湖南讲课，有一位非常年轻的妈妈，见到我就开始跟我倒苦水。她说每个来湖南演讲的教育专家，她都亲自来听讲座，专家的各种秘方她都用了，市面上所有流行的教育图书，她都买回家来跟女儿一起看。还有，为了女儿能接受最好的教育，为了让她不输在起跑线上，她选择了湖南少年宫一个特别的地方，在那里买了房子，买了一套最贵的房子，目的只有一个，就是希望她的女儿从小受最好的教育，希望她的女儿不输在起跑线上。然而，当她女儿走进中学，她发现女儿让她失望了。从女儿三岁开始，她就送她上少年宫，学绘画、学英语、学音乐、学舞蹈，几乎流行的早教课程，所有该学的都学了，但是为什么上了初中，她女儿的各科成绩很差，让她特别失望呢？她不明白，她感到委屈。她说：“我付出了这么多心血，可是我的孩子为什么没长成我希望的样子呢？”

这样的困惑，这样的痛苦，随处可见。在我和陈捷老师一起讲课的这些年，也见到不少像这位妈妈一样的家长，他们有共同的困惑，父母付出了最多的时间和金钱，为什么孩子却没能像父母期望的那样成长呢？

在山东讲课的时候，有位年轻的妈妈，听完我的课，走到讲台前来对我说：“我是失败的妈妈！”我感到很震惊，一位妈妈在什么情况下，才能确认自己失败呢？我问她：“你怎么失败了？”

这位妈妈说：“我的孩子上课不注意听讲。有时候还逃学，而且成绩不够优秀。”

看着这位妈妈年轻的脸，我想她的孩子一定很小。于是，我问她：“你的孩子有多大?”她说：“刚刚上小学一年级。”

我被触动了，我在想一个七岁的孩子，刚刚步入校门，开始全新的学习生活的时候，为什么一道题没做好，上课没注意听讲，考试成绩不理想，就被确认失败了？而这个失败不仅属于孩子，而且属于妈妈？

很显然，这位妈妈不了解自己的孩子，在幼儿期就没有仔细观察过孩子的自我学习特点，所以上小学后，遇到一点儿小问题就惶惶不安、如临大敌。这就是“别让孩子输在起跑线上”这个口号带给家长们的“后遗症”。

之所以我们的家长都这样战战兢兢，是因为很害怕“输”，因为害怕输，大脑的弦就整天绷着，思维的焦点和眼睛的焦点就落在孩子身上，不停地寻找孩子身上各种可能导致“输”的弱点或缺点。而正因为害怕和高度紧张，家长的判断和思考就很容易会出现偏差甚至盲从，从而给我们的教育智慧蒙上阴影，让家庭教育陷入盲区甚至黑暗区。

年轻的妈妈们，因为心中装着太多的恐惧，所以她们的想象力和判断力经常会出现误差。她们希望孩子的每一天都有好的成绩，希望孩子的每一个表现都是优秀的。但这不可能。因为成长中的孩子一定会出现这样那样的问题，孩子是在出错中成长的，就像孩子总是在跌倒中学会爬行、学会走路一样。一个活泼的孩子，他的头脑不断地迸发出各种各样的奇思妙想，心灵和身体的协调需要各种训练来完成，不可能每个行为都符合大人的标准。仅仅因为不符合我们的标准，就失望，就断定为失败，这实在是被吓坏了。

在我看来，“别让孩子输在起跑线上”是有问题的。这语调是充满祈使意味的，口吻也是相当暧昧。与其说是一则励志的名言，不如说是一句令人畏惧的咒语。谁不想让孩子输在起跑线上，是望眼欲穿的父母？是以打造“天才神童”为己任的某些教育机构？或是保障机会均等的政府部门？其实，无论是谁主导，孩子们都是相当被动的。不管他们高兴不高兴、答应不答应、满意不满意，他们都得“时刻准备着”，面临一道道不知是谁设下的“起跑线”。否则，便有输在“起跑线”上之虞。这使家长、老师乃至学校巴不得把孩子打造成“武装到牙齿”的“哪吒”。这似乎成了许多孩子的宿命。为此，他们每天“起得比鸡还早，睡得比狗还晚”。理由很简单，在家长和老师看来，人生的对决似乎是无处不在的。因为，你睡的时候，你的对手并没有睡。如果你不努力的话，不定什么时候，你的对手就会从什么地方冒出来，将你淘汰掉。

正是因为这样，中国的父母便陷入了“不能让孩子输在起跑线上”的误区，因为，很多父母并不深谙孩子的真正起跑线是什么。我们看看日本的教育是如何定义或诠释“起跑线”的。

我最欣赏日本家长教育孩子说的一句话：“自己的事情自己做，不要给别人添麻烦。”看过一些日本的亲子教育书籍，日本的家长在孩子很小的时候，就给孩子灌输一种思想：“自己的事情自己做，不要给别人添麻烦。”并且，在家庭日常生活中不断地强化这种思想意识。比如，早晨上学要穿什么衣服、要不要带雨伞，家长不直接告诉孩子，而是每天要孩子自己注意收听气象站报告的天气情况等。

在日本乘火车、轮船旅游时，常常发现跟随父母外出旅游的孩子们，不论年龄大小，甚至刚刚学会走路的孩子，每人身上都背着一个小小的背包。背包里装着孩子们使用的生活用品，诸如毛巾、牙刷、牙膏、水杯、手帕、餐巾纸等。其实，背这些生活用品，父母完全可以代劳，也增加不了多少负担。可日本的父母为什么要孩子们自己背呢?

因为在家长眼中，这是孩子自己的东西，应当由他们自己来背，为的是从小就让孩子懂得“自己的事情要自己做，不要给别人添麻烦”这个道理。反观我们，情况就大不一样了：

我们常常看到，一家人外出旅游，孩子的生活用品都由父母给背着、拎着。孩子则空着手，在前边优哉游哉地边走、边吃、边喝、边玩。上小学以后，孩子的书包不是自己背，而是由父母，甚至由年迈的爷爷、奶奶充当“书童”。上学时，由家长背着书包一直送到学校大门口；放学的时候，又是由家长背着书包接回家，天天如此。不仅孩子习以为常，家长也觉得理所应当。甚至考上大学的孩子入学时，也都是由父母像“脚夫”一样，肩扛手提大大的行李送到学校。到了学校，还是由父母四处打听、东奔西忙，替孩子办理各种入学注册、交费手续，由父母给他们收拾宿舍、整理床铺、安置行李，忙得不亦乐乎，累得满头大汗。那么，他们的孩子干什么呢？是非常“坦然”地享受着父母“全程”“优质”还是“免费”的服务，一个个都是悠闲自得地在那里坐着。两相比较，我们不难看出，两种教育不同的起跑线，孩子谁输谁赢就已有分晓。

自理能力和心存“不给别人添负担”的担当，就是孩子们最好的起跑线。在我们“家族影响智慧”的一次课程上，有一位父亲讲了他的一位远房亲戚的孩子：

> 从小就特别聪明，五岁就上小学，上小学时跳过级，中学没到毕业就提前考入了大学，刚满19岁就大学毕了业。紧接着，又以优异成绩考取了本校的硕士研究生，学校认为他是个很有培养前途的学生，决定送他到国外深造。应当说，从小学到大学，他的人生道路是一帆风顺的。一般青年学生，如遇上这样一个出国学习的机会，会高兴得不得了。可这位研究生听到这个消息，却产生了巨大的心理压力：我一个人漂洋过海，去异国他乡读书，远离父母家庭，谁来照顾我的生活呀？

为什么会有这么大的心理压力呢？因为他是独生子，从小就过着“衣来伸手，饭来张口”的生活，一切全由母亲代劳，一点生活自理能力都没有。考上大学之后，母亲每周还要到学校替他整理内务、洗洗涮涮。离开母亲的照料，他简直是无法生存。因此，出国深造的消息给他带来了极大的烦恼和压力。当然，这是极个别的现象，但却给做父母的非常深刻的启示。孩子的生活自理能力，并不是什么鸡毛蒜皮的小事情。它不仅关系到孩子生活是否舒适，也关系到有没有自信心，关系到有没有独立生活的勇气。事事不会做，处处有困难，不仅生活上会遭受许多磨难，还会滋长自卑的心理，丧失生活的勇气。

在孩子小时候，父母就要在生活实践中，随时随地有意识地灌输一种意识，让他们逐步形成一个观念，养成一个习惯："自己的事情自己做，不要给别人添麻烦"。小孩子可塑性非常大，及早进行培养和训练是很容易的，效果会很好。若是等到孩子长大了，已经过惯了"饭来张口，衣来伸手"的寄生生活，再"临时"培养，"急来抱佛脚"，恐怕就来不及了。

所以，对于孩子来说，真正的"起跑线"是家长。家长从小给孩子灌输的是责任和担当，他未来就有责任和担当，家长从小培养孩子自己的事情自己处理，他未来就不会给别人添麻烦。家长真正害怕和恐惧的应该是自己能否变好，能否深谙教育之道，从而惠及我们的孩子。

一个"笨"让孩子失去信心和动力

在我的课上，我问现场家长，"有没有觉得自己家孩子'笨'的"？我原以为在公众场合上，家长哪怕在心里认为孩子真笨，也会顾及面子不说。结果恰恰相反，有大部分家长还是会说自己的孩子挺笨，主要体现在成绩不理想、不爱学习、不喜欢阅读、一道奥数题反复讲了几遍依然不开窍等。

日常生活中，尤其与孩子们的父母们交流的过程中，总会发现这样的情况：在上学之前，每位父母都认为自己的孩子是很聪明、很可爱的；当孩子上学后，因为学习成绩的原因，让父母对自己的孩子产生了失望情绪，因此便恨铁不成钢，便用语言发泄自己的不满。

像什么"你笨""你傻""你怎么这么不争气"……便脱口而出，父母们也知道这样说话会严重地伤害孩子的自尊心，但是父母依然不能控制自己不说，这不能不说是很可悲的事情。从另外一方面讲，孩子会因为父母的恶劣的语言变聪明吗？当然不会，唯一的结果是让孩子有一个认定："我笨，我做什么都不行!"这并不是父母所期望的。我们看看"梭子鱼的故事"：

科学家做过一个实验，把一条梭子鱼放进一个有许多小鱼的水池里，任何时候梭子鱼饿了，只要张张嘴，把小鱼吞进去就行了。过了一段时间，科学家用一个玻璃瓶罩住了梭子鱼。开始时，小鱼在瓶子外面游来游去，梭子鱼就迎上去，但每次都撞在了瓶壁上。慢慢地，梭子鱼的冲撞越来越少，最后，它完全绝望了，放弃了捕食小鱼的所有努力。这时，科学家取走了套住它的瓶子，备受打击的梭子鱼沉到了池底，一动也不动了。无论有多少小鱼在它的身边甚至嘴边游来游去，它都不会再张嘴。最后，这条可怜的梭子鱼就这么活活饿死了。

看了这个故事，也许我们会说，这条梭子鱼真是笨死了。

梭子鱼原来并不笨，捕食小鱼是它的拿手本领，它是一条能够独立生活的正常的鱼。可是，无数次的碰壁后，梭子鱼开始怀疑自己捕鱼的能力，后来，它彻底绝望了，坚信自己是一条笨鱼。这种无能感最终害死了它。

同理，每一个孩子原本能量俱足，他们是非常有潜力的正常的孩子，而父母一旦认为孩子"笨"，并且不断强化这种"笨"，在孩子的心里就会形成一种观念，认为自己真的"笨"，真的"无可救药"，那么孩子就主动关闭了自己求知的信心和动力，变得如父母"期待"的那样"笨到家"了。

社会心理学认为，每个人的自我形象，部分取决于自己对他人反应的理解，即通过"我看人看我"的方式形成，而自我形象一旦形成，又会成为制约人、塑造人的规范和力量。如果自己身旁的人，尤其是最信赖的人常用一个词语给自己以标定，难免会使自身顺从于这种标定，并做出相符的行为。这种现象对敏感的、易于接受心理暗示的儿童影响尤大。

如果家长总说孩子笨，孩子就会逐渐相信家长的说法，形成自己就是“笨”的自我形象，并按照笨的模式去塑造自己、约束自己、解释自己的某些行为。经过多次强化，这种模式就会固定下来，孩子也就真的变笨了。有许多出现了问题的孩子，尤其是14岁以后的孩子，当追寻造成严重后果的原因时，很多都是家长用负面评价对孩子造成了影响。

有个孩子说：“只要考试失败我就会非常失望。因为，少不了爸妈一顿训斥，他们就会说我笨得像猪、猪脑子，一点也没有随了他们的聪明，我觉得我生活在这个世界上是一种罪恶……”孩子一旦因为在父母负面的评价中变得自卑了，他们眼中的世界似乎就成了一片黑暗，他们的生活感受就是——煎熬。

一位小学生说：“自从上小学以后，大家都瞧不起我。因为老师总在班里说我上课不专心、做作业不认真、习题总做错，还说我屡教不改、让他失望了。我听了心里非常难过。”于是每天他都害怕去学校，常常一个人难过。

有一个孩子来信说：“虽然语文成绩得了一个‘优’，但有很多题都有一些小问题。结果老师就说：‘你是个典型，一点儿也不聪明。我要在家长会上让你的家长知道你有多笨’”。有些孩子就是因为别人总说他这也不行、那也不行，他也就渐渐觉得“我真的不行”了。这是暗示产生的后果。

有一个本来什么事情都不放在心上的女生来信说：“我渐渐地长大了，那些天真活泼逐渐消失了。老师的批评、考试的失败、同学的讽刺、朋友的不理解、父母的错怪……都促使我变得孤僻而不愿和别人交往了。”

当家长和老师只关心孩子成绩和学习的时候，孩子一旦没有达到老师和家长想象中的状态，就会给孩子贴上“笨”或“不上进”的标签，孩子就会自卑不已。他们知道要认真学习，可就是改不了马虎、粗心、懒惰、自制力差等毛病。他们想拥有更多的朋友，但却发现别人总在躲避着自己，他们想在各方面都很出色，但努力之后依然不如别人……加上别人负面的评价，他们开始痛苦地怀疑自己。

所以，无论家长还是老师，千万不要用一个“笨”字，让孩子失去信心和动力。让他们变得踟蹰不前、变得不敢跟人接触、变得成为一个连自己都不相信自己的人。

过于看重智商，而忽略了其他

我学习了一些心理疗愈方面的课程，我发现很多长大了的孩子出现了问题，其实就是小时候和爸爸妈妈的关系没有建构好，以后才表现出来。我专门读了儿童发展心理学，想看看到底爸爸妈妈和孩子之间怎样的行为互动才能使孩子更好、更健康的发展。我自己有了孩子，但没能在孩子身边陪伴他成长，给他更多的温暖和爱，促使我下决心好好做亲子教育，把我的人生经验和个人的经历跟更多家长分享。在与众多家长接触的过程中，我发现他们其实很焦虑，不知道怎么跟孩子相处，也不知道在相处过程中应该注意什么、怎么跟孩子有效沟通、帮助他们建立好习惯、养成好的品德。

每个父母都希望好好爱孩子，但大部分因为不知道该如何去爱。尤其是过于看重对于孩子“智商”的培养，而忽略了其他，比如情商、德商、逆商、财商等。在我们湖南有一个很多人都知道的案例，我分享给大家：

> 记者调查，在衡阳，一名哈佛大学女博士后回乡后成了精神病患者。据说这位女生是衡阳那家医院患者里甚至是全湖南学历最高的人——哈佛大学医学院博士后。但是，她不是在这里从事科研、诊

疗，她只是这里的病人——精神分裂症患者。

她曾经是别人眼中的天才——复旦毕业留学美国，自然科学硕士、哲学博士、医学院博士后。走到这一步，她经历了怎样的人生？原来，这个女孩从小天赋异禀。从小就是“机灵鬼”，5岁身高超过1.1米的她，就知道如何跟乘务员求情希望免票，而且还能偷偷溜掉逃票。在学习上更是有着旺盛的“求知欲”，从来不让家长操心。不但学习好，跟同龄人的玩耍中，更是样样领先，任何游戏一看就会，一玩儿就是第一名，用她妈妈的话说，智商特别高。家里一直认为她是个“天才”。

她轻松考进很好的大学，父母亲自护送，帮她做了很多本该她自己做的事。比如，铺床、挂蚊帐、买生活和学习用品。每次回家和去学校，都要父母亲自送去，还要备足钱和生活用品。

因为天分颇高，她在老师和家长一致认为的“天才”和“高智商”的光环下长大。任何别人不如她的地方，她都看不起。骂自己的大学舞伴是“蠢蛋”。一点苦头都不吃，任何生活上或学习上的困难，父亲都悄悄帮着解决了。因为成绩好，她准备出国留学，并且说“如果去不了美国就自杀”。

父母帮着她去了美国，在外留学生涯里，她第一次感受到自己的压力。不但所有的事情需要自理，而且人才济济，比她“天才”的人很多。从小家长没有培养她的其他能力，如情商和逆商。导致她不会跟人谈恋爱，也承受不了压力。父母为她花光了积蓄，她自己也心知肚明，但为了自己之前“天才”的优越感，明知道父母“举步维艰”，依然保持着精神上的“优越感”。

在美国，一般家庭的留学生都是和别人合租，有时还要外出打工。但她希望生活得体面些，她不愿意出去打工，还租了一套单身公寓，每个月租金接近1000美元。内心的高傲和现实的窘迫，给了她很大的压力，不得已从美国转回衡阳。

放下身架回来的她，并没有屈尊向她的同学求助，而是出现了抱怨和不得志的郁郁寡欢，最终精神分裂。

看了这个故事，大家一定会唏嘘。这么好的姑娘，这么好的前程，怎么就毁在了“精神分裂症”上。其实，我想说，这个女孩之所以得了这个病，是父母最初的教育方法不得当。

假如当初在孩子的抗挫折力、品德、情商等方面加大教育力度，她一定是一颗冉冉升起的明星，成为医学界的一个后起之秀。

所以，父母如果仅仅看重智商而忽略其他，会阻碍孩子的综合发展。

有个家长在课后分享中说：“我们孩子从上小学起就一直挺顺的，成绩好、老师夸，现在却变得孤僻、没有朋友，而且非要退学。”

我认为，这个孩子一定是情商受到了挑战。这个学习好却没有朋友的孩子是典型的智商高而情商低导致的人际交往障碍。由于他智商高、学习好，从小就被光环笼罩，没有人教他管理自己的情绪、考虑别人的感受，所以他说话比较随性，言语中经常伤害同学，渐渐被孤立起来。可是当孩子求助于家长时，家长的回答却是：“他们是嫉妒你，不用理他们，只要学习好，咱什么都不怕。”误导孩子更专注于学习而忽略人际交往。最终，孩子负面情绪的积累还是影响了学习，导致成绩下降，同学们没有人愿意帮助他，有人还嘲笑他，让他产生了巨大的挫败感，变得害怕上学。

在目前的学校教育和家庭教育中，的确存在重智商、轻情商的误区。在家里，家长过于看重分数，忽略了对孩子待人接物、人际交往方面的正确引导；而许多学校也缺少针对情商培养的心理健康类课程，即使有也常被文化课挤占或流于形式。

情商水平高的人具有如下的特点：社交能力强，外向而愉快，不易陷入恐惧或伤感，对事业较投入，为人正直，富于同情心，情感生活较丰富但不逾矩，无论是独处还是与许多人在一起时都能怡然自得。

如果一个人性格孤僻、怪异、不易合作，自卑、脆弱，不能面对挫折，急躁、固执、自负，情绪不稳定，等等，这些都是情商不足的表现，即使他的智商再高也很难有所成就。

现在心理学家们普遍认为，情商水平的高低对一个人能否取得成功有着重大的影响，有时其作用甚至要超过智力水平。

除了情商，德商的培养也至关重要。德商是指一个人的人格品质。父母都渴望孩子过得幸福，但再多金钱、物质和地位的满足，都不能保证孩子一定幸福。究竟什么能让孩子幸福？给孩子足够的拥抱和爱，培养孩子高尚、健全、独立的人格是父母能给予孩子的最好的“幸福通关密码”。父母要有意识地引导孩子：体贴、尊重、宽容、诚实、负责、平和、忠心、礼貌、幽默……等。

只有综合素质都很高的孩子，才能适应这个快节奏的社会和多变复杂的人际关系。所以，父母要有所侧重，也要有所均衡，不能厚此薄彼，如果把孩子培养成了只会读书、只会考高分的机器，他的未来将会和机器一样变得冰冷和孤独。

第三章

错误的源头来自原生家庭

错误的源头来自原生家庭

原生家庭的氛围和价值观

如果你在家里是一头狮子，那么，你的孩子就有可能成为一只绵羊；童年性格一旦形成，将伴随孩子一生，很难改变；自由、开放、愉悦、轻松的家庭氛围，是孩子好性格形成的最重要因素。每天，我都会遇到很多家长朋友关于孩子性格、行为的提问。

有一个家长因为孩子的问题来做心理咨询。在我眼里她是一位焦虑的妈妈，眼中全是忧愁。跟她交谈了解到，她的孩子的确是有了一些问题，但更多的是家庭出了问题。

这个孩子叫小庄，是妈妈口中优秀的孩子，生长在一个优秀的家庭中。父亲是大学本科学历，任职工程师，母亲也是大学毕业，担任中学教师，有个哥哥就读于名牌大学金融专业。但是，小庄因为染发、抽烟、结交社会上的“小混混”受到休学处分。休学结束后，她却不愿意返校就读。家长强迫用车带她上学，却引发她身体出问题，不是神经性头疼，就是胃疼。以前小庄的成绩都排在班上10名内，现在却倒数。父母亲和老师都不知道问题出在哪里。毫无理由使她这样，既无男朋友，也不是和朋友吵架。父母亲猜测是否在校时被欺负了，但也不是这么一回事。

我试着问了问这位家长：“你们的家庭氛围怎么样呢?”

这位妈妈开始不太愿意说，只是轻描淡说了一句：“我们家庭氛围很好，尤其学习的氛围很好。”

我接着问：“你们平时对孩子的要求是不是很严格?”这位妈妈立即接

话说：“那是一定的呀，现在社会竞争这么激烈，不要求严格孩子就是一盘散沙，怎么能有出息？学习不好的话，其他一切免谈。郑老师，你不这样认为吗？”

说实话，我真不这样认为。在我眼里，一个要求严格的家，家庭氛围一定不会很随意，因为规矩太多，相对变通和民主就会偏少。

随着聊天的深入，这位家长渐渐放下了心中的顾虑，她说，我从小告诉孩子，社会充满竞争，人与人充满竞争。加上这位妈妈的父母都是那个年代的高学历，从小被父母约束长大，然后考上了很好的大学。所以，轮到自己教育女儿，更希望她将来学历更高。这位妈妈眼中女儿的问题，其实恰恰是她和丈夫的要求给了女儿不适当的催逼和压力，再往上追溯，是这位妈妈在原生家庭里受到的那种价值观灌输，使得她沿袭了上辈父母的传统教育模式，在无意识状态下又把它完全复制给了自己的女儿。因为，他们的父母，或者是他们自己的家庭里都充满了“世间就是竞争”的气氛，人人带着“家族的价值观”——竞争胜利就很了不起，就是一件有价值的事。

小庄的哥哥初中、高中都是年级前一二名，小庄也经常名列前茅。但是，父母亲只承认“前一二名，而且必须是年级成绩”，并不认可班上前10名的成绩，“再不好好加油的话……”“你看看哥哥”，用这种话使他们兄妹互相竞争。更让小庄难以忍受的是，父母不但让她跟哥哥竞争，还不允许她交比自己成绩不好的朋友，尤其是母亲表现出对自己一些很不错的朋友的蔑视，比如这个同学如果成绩不好，或者父母学历不高，小庄的母亲一定是不允许结交的。就这样，小庄变得很孤僻，慢慢好多朋友知道了小庄的家庭和父母对她的要求，也渐渐远离。于是，小庄的情绪和心灵受到了伤害，对父母这种做法采取了反抗和报复，她染发、抽烟，跟一些在母亲眼里认为“不地道”的同学打成一片，因为达不到父母亲所认可的价值观要求而造成的挫败感，使她走向企图引人注目的不恰当行径。

小庄的经历不是个案，很多家长对孩子要求的东西，孩子往往做不到。这样一来，不是父母觉得很无奈，就是孩子觉得很受伤。

所以，我认为一个家庭的价值观决定这个家庭的氛围，从而决定孩子的情绪和一系列心理问题。家庭气氛可能是混乱或规律的、僵硬或弹性的、竞争或合作的、不和谐或和谐的，家庭的关系包含夫妻和亲子间的关系，可能是平等或不平等的关系，父母可能为孩子设定合理或不合理的标准，这些因素均影响孩子的发展。

父母所认为重要的东西，不管父母彼此看法是否一致，都称为家庭价值观，对子女生活形态也有极深的影响。家庭价值观有两种基本形式：家庭成员可能有清楚知道及无法明确知道的两类价值观。通常有关于教育、宗教与金钱的价值观定义可以明确知道，而竞争与支配的价值观则较无明确定义。纵然父母、子女不能确切地知道自己所持的价值观，但这些价值观仍强烈地影响家庭成员人格与生活形态的发展。

家庭氛围是一个家庭中家庭成员之间的关系及其所营造出的人际交往情境和氛围，它对家庭成员的精神和心理都起着非常重要的作用，是家庭成员生活及成长的重要环境因素。对儿童来说，家庭是其成长的首要环境因素，因此家庭氛围对儿童的成长起着至关重要的作用，很大程度上决定着儿童的心理品质及人格发展。

父母对孩子的情感，父母与他人的情感，都直接影响着孩子的成长，特别是影响到孩子对人与人之间各种角色扮演及相互关系的认同，即家庭氛围影响着孩子在其心里确认人与人之间的各种关系应该是一种什么样的状态，应该是一种什么样的情感，应该用一种什么情绪去表达，等等。家庭氛围最终会影响到儿童他将来走向社会的行为模式和人际交往模式，即如何在社会当中去处理各种关系。

而家庭氛围的建立，取决于夫妻两人的价值观。在我的记忆中，母亲和父亲持两种不同的价值观，当他们走在一起，组成了我们的家，并有了后来的我。但在我的记忆中，父亲是那种不善言辞、冷静、思考型的，而且父亲的原生家庭成员都是学历背景较高的，为人处世方面都比较讲究；而母亲则是抱怨型的人格形态，这要追溯到我的外婆那一代人，母亲生活的原生家庭有些重男轻女，母亲作为长女早早放弃了学业投入家庭，帮着父母分担家务和生活的担子，省下多余的钱财来接济下面弟弟上学。从小被压抑和不被重视的生活，让母亲就像一只刺猬，在外面常常表现出不友好的样子，像是用尖尖的刺来包裹自己脆弱的内心。这样的两种家庭价值观不同的人组成新的家，各种不同的习性与价值观的碰撞造成了父母最直接的对抗。所以，从小我的家庭氛围并不友好。因为这种不友好，我和哥哥在家并没有享受到温暖或关爱，在外面是经常被人欺负的野孩子。

我认为，有问题的孩子大部分出自于这种抱怨式的家庭里。因为你身边总会有个终日抱怨的人——通常是母亲，但我也见过有些家庭父亲老抱怨。如果耳边总是有人在唠唠叨叨，抱怨这抱怨那的，那么，可想而知，我们的生活根本不可能幸福。那些喜欢抱怨的人每天早晨醒来，第一件事就是剖析自己，找病症。而往往起床时，要发现个小病小痛是很容易的，尤其是吃早餐前。在大多数时候，一旦我们想要做点文章，总能发现这也疼那也疼。坐在那，闭着眼睛想“我哪儿痛呢”，你总会发现好像有个地方真的在疼。一旦找着了，接下来一整天，心思就只围着那些地方打转。最夸张的是，自己痛苦还不够，一定要搞得全家都一样痛苦不堪。

大多数整天抱怨的人都只不过是得了情绪性疾病，但是听他们老念叨自己的健康，你会觉得他们就像座博物馆，设备完善却死气沉沉。在家里，他们阴郁和焦虑的情绪严重影响孩子的成长。低沉消极、焦躁不安、疑虑重重都是这类家庭带给孩子的不良影响。这些人不仅搞得家庭氛围惨淡无比，而且还严重吞噬家庭的银行账户。

所以，我认为，孩子一旦享受不到家庭氛围，则会到外面去寻找刺激或帮助，要么会变得懦弱和自卑，要么就会变成天不怕地不怕的“混混”。

如果按家庭氛围粗略划分，我国现代家庭可分为正统型、冲突型、民主型、包办型、放任型等。不同家庭氛围对孩子个性影响十分显著。

正统型家庭的父母为人严肃、行为端正，对子女要求严格，决不轻易表扬子女。对人对事总的原则是“责任重于泰山，欢乐藏在心底”。由于缺乏愉快的情感交流，子女对父母往往敬而远之，有烦恼宁愿放在心里，有的孩子甚至养成表面顺从，心里不服，当面一套，背后一套，害怕承受失败的心理。

冲突型家庭的父母双方经常吵架。这类家庭的孩子日子很不好过，时刻要提防“战争爆发”，或胆小退缩，或攻击好斗，极易患心理疾病。

民主型家庭中，父母与子女相亲相爱、互相尊重。家庭生活动静相宜、生动活泼、严谨有序。父母子女有充分的思想和情感交流。这种家庭培养出来的孩子容易养成开朗、自信、积极的心态和开拓、自制、灵活的思维习惯。

包办型家庭的父母一般勤劳肯干、爱子如命、处处呵护、事事顺从。不知不觉中，孩子养成依赖心理，社会适应能力很差，无法独立处世，这种家庭父母孩子都很痛苦。

放任型家庭一般有两种，一是父母忙于工作，将子女托付给保姆或亲属；另一种是父母对孩子教育比较随心所欲，没有一贯的标准。这两类家庭氛围下的孩子都难以养成良好的思维和行为习惯。孩子普遍活泼有余，严谨不足，责任心、自控力与开拓性都很差。

作为父母，我们该为孩子营造一种良好的家庭氛围。一个和睦、和谐、温暖、快乐的家庭氛围，有益于孩子热爱学习、健康成长，并能为孩子的未来成长打下一个良好的基础；而不良的家庭氛围则恰恰相反，不仅会让孩子过早地告别欢乐时光，还会使他们经常处在紧张、忧虑、困惑等心理状态下，甚至会导致他们厌烦学习、学习困难、成绩下降，继而引发价值观、人生观等方面产生一系列的问题。因此，不良的家庭氛围容易使孩子在学习和人生发展中产生种种偏差。

那么，一个好的家庭氛围该怎样营造呢？

首先，需要爱，爱不仅是家庭教育的一个部分，而且是家庭教育的前提。家庭教育必须要在爱的基础上建立，少了爱就无法实施教育。

在街上看到一对夫妻，如果是相爱的，即使不拉手，也能感觉到从他们身体里散发出的那种融洽的气息。如果感情一般，即使靠得再近，你也感觉不到那样的气息。这个道理同样适用于家庭教育。一旦产生了好的家庭氛围，教育就会进入良性循环了，主要不是靠父母的教了，而是靠一种家庭氛围，它像空气一样使孩子自己得到滋润。

其次，需要智慧，就是父母所表现出来的语气、表情、身心所散发出来的信息，是不是能够让孩子感觉到美好、祥和、关爱以及品位……

最后，父母在教育孩子的时候，一定别忘了审视自己，反思自己营造的家庭氛围对孩子会有怎样的影响。现在大多数父母认为自己对孩子拥有无上的权利，孩子的一切都被他们设计好了，而不管这样的设计是否正确。孩子都没有任何选择的余地，只能被迫接受。他们认为自己创造了孩子，孩子就得唯我是从。在这样的情况下，哪能奢望理解并感悟那颗幼小、脆弱的心呢？

总之，孩子在家庭中受到父母的关心、指导越多，就越有利于良好个性的形成与发展，也越有益于学习兴趣和学习能力的提高。有了良好的家庭氛围，孩子的学习、生活都会向好的方面发展。所以，身为父母，要为孩子的学习创造一个良好的家庭氛围，并以科学的教育方法及自身的榜样示范来培养孩子积极正向的价值观。

原生家庭对一个人未来的影响

我相信，天下父母无一不希望自己是好父母，尤其是自己没有在原生家庭中父母的滋养和关爱下成长而一旦为父母的时候，更愿意放大自己曾经的伤口去预设未来孩子的样子，于是会带着弥补心态去教育孩子。然而，有些时候，父母特别不想在孩子身上看到的或者复制出来自己的行为，却在不经意的状态下发生在自己身上。

以前看过一些心理学方面的事例分享：一个男孩从小厌恶酗酒的父亲打母亲，他一边保护着母亲，一边却在十几岁的时候开始下意识地模仿父亲酗酒打架。

一个女孩子，从小看着父亲沉迷于摸虾捉鱼，宁愿把所有时间放在这些兴趣爱好上，也不愿意去为女儿赚钱交学费，作为女儿深深地不理解并且排斥着，可是却在成年后找了一个与父亲一样不承担责任的老公，沉迷于种种兴趣爱好中，对孩子与家庭不管不问。

一个小男孩从小在母亲唠叨谩骂中长大，一直觉得这样的女性让他很难堪，结果等他长大却偏偏找了一个跟母亲极其相似的爱人。

是不是很奇怪？用逻辑无法说通，按理说，女孩不喜欢父亲的类型，一定要找一个与父亲相反的类型，为何最后还是找一个与父亲一样的呢？男孩不喜欢那样的母亲，为何却偏偏又找了一个跟母亲相似的呢？

心理学认为，这种说不通的逻辑是一种“强迫性重复”。一方面是因我们从原生家庭中习得了这种相处模式，内化了父母给予我们的角色定位和性格特征；另一方面则是因我们潜意识里都渴望能够疗愈自身，于是我们会不自觉地回到过去的心理状态中，希望能够重新塑造和改变这种互动模式。

有时候，这种重复是有积极意义的，比如一个从小在被父母贬低、打击中长大的女孩，成年后仍然会表现出很低的自尊心，甚至招引他人指责、嘲笑。她如此低的姿态，却可能会遇到一个包容她并帮她看到自己价值的丈夫，带领她从过去跳出来。

可惜，大多数时候，我们并没有这么幸运，正好能遇上一个可以疗愈自己的恋人。我们要的那些安全感、那些力量，需要我们自己给自己。

原生家庭对人性格的塑造一般有两种表现形式：相同和相反。比如，如果父母是沉默寡言的人，子女要么一样很少说话，要么语言表达能力特别好；父母暴力倾向严重，子女要么有更多暴力，要么懦弱无能。这些影响，都是深深扎根于潜意识中的，有时并不会直接显露出来，只有在特殊情况下才暴露无遗。就像上面的事例中，女孩非常讨厌爸爸那样的人，男孩也不太喜欢妈妈那样的人，可潜意识却让他们对这样的人产生亲近感。

原生家庭对一个人影响有三个层面：生理层面、行为层面和心理层面。生理层面也就是遗传，比如脾气和神经类型有关，脾气会遗传。行为层面就会表现出具体的模仿和习得。一个人一出生就在这样一个家庭，习惯了一种生活模式，比如用争吵、打架，或用民主、温和的方式处理问题，长大后就习惯用同样的方式解决问题，不会用别的方式。所以经常有这种情况，一个人从小受到爸爸的打骂和妈妈的指责，他很反感，发誓长大后不会用这种方式对待自己的孩子，但长大后他还是会这么做。表现在心理层面这就是，早年创伤，会让人作一个影响一生的决定。

比如一个孩子的父母有外遇，他感受到父母外遇带给自己的痛苦，就有可能作一个决定，我将来绝不能让我的配偶有外遇，绝不要忍受这种被抛弃的痛苦。然后他会发展出一套控制配偶的方法不让自己的伴侣有外遇——控制是一种，依赖也是一种。他也有可能作另外一种决定——感情都是不可靠的，我的父母——最亲的人，他们为了自己的快乐都不顾及我的感受，他长大以后就可能也有外遇，不和任何人建立深刻的、交付一生的联系，以避免自己受伤，这样，他就有可能反复地有外遇。

心理学研究早已证明：早期生活经历，特别是原生家庭对个人性格起着至关重要的作用，对个人的生活会产生长期、深远的影响，甚至会决定个人的一生幸福。

作家卡夫卡之所以能写出《变形记》跟他童年受到父亲的影响有着十分密切的关系。让我们看看他的《致父亲》中，是如何阐明自己对父亲的感受的：

最亲爱的父亲：

你最近曾问我，我为什么说怕你。一如既往，我无言以对，这既是由于我怕你，也是因为要阐明我的畏惧，就得细数诸多琐事，我一下子根本说不全……

总结一下你对我的评价，可以看出，你虽然没有直说我品行不端或心术不正（我的最后一次结婚打算可能是例外），但你指责我冷漠、疏远、忘恩负义，你这般指责我，仿佛这都是我的错，只要我洗心革面，事情就会大有改观，而你没有丝毫过错，即使有，也是错在对我太好了。

你的这一套描述我认为只有一点是正确的，即我也认为，我俩的疏远完全不是你的错。可这也完全不是我的错……父亲，我总体上从未怀疑过你都是为我好……但我们之间有点不对头，造成这种局面的原因你也有份……

一天夜里，我老是哭哭啼啼地要水，绝对不是因为口渴，大概既是为了怄气，也是想解闷儿。你严厉警告了我好几次都没能奏效，于是，你一把将我拽出被窝，拎到阳台上，让我就穿着睡衣，面向关着的门，一个人在那儿站了一会儿。

我并不是说这样做不对，当时为了让我安静下来，可能确实别无他法，我不过是想借这件事说明你的教育方法以及它对我的影响。从这以后，我确实变乖了，可我心里有了创伤。

要水喝这个举动虽然毫无意义，在我看来却也是理所当然的，然而被拎出去，我无比惊骇，按自己的天性始终想不通这两者的关联。那之后好几年，这种想象老折磨着我，我总觉得，这个巨人，我的父亲，终极法庭，会无缘无故地走来，半夜三更一把将我拽出被窝，拎到阳台上，在他面前我就是这么渺小。

所以，我们要想当好父母，我们就要明白我们的原生家庭，或者是剖析我们自己的原生家庭，我们父母的相处模式给了我们什么样的性格和处事方法。当我们都知道自己性情中的那些负面的东西，也明白它的来源是什么，才能有意识地抵挡它的负面效应，修正那些不好的方面。

一个人真正的成长，是“断裂”：与自己的原生态家庭影响断裂。在原有的基础上，发现一个新的自我。成长，不就是一个自我重新塑造的过程吗？我们明白了家庭给自己性格带来的影响，然后依据自己的发展，完善或者改变它，朝着自己喜欢的方向前进，这样，一个新我才会产生。

据美国心理学家多年研究，许多成年人的拘谨可以追溯到他的儿童时代。如果孩子的拘谨在儿时得不到解决，那么，他的不合群、不爱与他人交往的个性将会妨碍他今后事业上的成功。即使有的孩子有聪明才智和一技之长，也会因不善于处理人际关系而在人生道路上遇到困难。而孩子的任何问题都与父母的教育有很大的关系，往往是父母对待孩子的许多做法不够正确，在方式方法上过于粗暴、处理过急，才造成了孩子的心理紧张。如果我们知道自己正在扮演着孩子的原生父母，那么再面对如下情景：

当我们工作繁忙压力大，回到家看到孩子又吵又闹，忍不住大吼：“怎么老是哭啊哭啊！别哭了，真是个烦人精！”的时候，我们就会刻意去克制自己，而不是用不尊重或不耐烦去对待孩子。

提醒：一个自尊并且尊重他人的孩子，一定是先得到成人的尊重。如果我们不给予孩子这种尊重，对孩子很粗暴，孩子也会想当然地认为别人就应该按照我说的去做，难以站在别人的角度考虑问题。

再比如，当我们意识到夫妻两人经常为一些鸡毛蒜皮的小事当着孩子的面吵翻天，事后又言归于好，这是在用敌对、争吵，给孩子提供攻击性行为的坏榜样。我们吵架时的神态、姿势、语气语调、用语都被孩子看在眼里、记在心里，日后孩子在游戏时，就对着洋娃娃嫩声嫩气地骂、狠狠地打娃娃，或者对小朋友说粗话、脏话。我们就会收敛彼此的语言和态度去努力为孩子树立一个好榜样。

好父母和懂教育的父母之间有差距

很多人都说中国的父母是最爱孩子的，又是最不会爱孩子的。我认为这句话可以理解成：中国的父母全心全意地去爱，却没有用对方法，或者是用了错误的方法却浑然不觉，从而导致了中国人劣根性的代代相传。在我看来，好父母不等于懂教育的父母。好父母是只想到为了孩子好，却不知道如何才是真正对孩子好。

比如：

孩子想自己吃饭，父母说："搞得到处是，饭都冷了……你还小，妈妈喂！"

注解：妈妈很爱孩子，舍不得孩子自己笨拙地去吃饭，但孩子就被无形中限制了自主意识，孩子的动手能力就这样被扼杀。换一个角度，如果是懂教育的父母，则知道孩子终有一天要自己面对生活，而这种生活从最小处开始就是他能自己吃饭。好父母用帮忙限制了孩子，懂教育的父母引导孩子。

孩子想要自己洗碗，父母说："别把衣服弄脏了，水这么冰，小心把碗打碎了……还是妈妈来吧。"

注解：妈妈既照顾了孩子的衣服，又照顾了碗碟，唯独没有照顾到孩子想要参与的心，孩子眼里原本就像游戏的劳动，因为妈妈一个替代和不许，不再有尝试的欲望，未来的未来，孩子可能是四体不勤、五谷不分，不积极干家务，到那时，父母很少能想到是之前自己限制了孩子，反而抱怨孩子懒惰。好父母不会让孩子失去了参与家务的热情，懂教育的父母知道任何一种勤劳都是习惯使然，习惯了袖手旁观的孩子，永远伸手，习惯了家务的孩子，以后就会主动参与家务劳动。

孩子学习不好，父母说："你知道爸爸妈妈为了你，吃了多少苦？你吃好的，穿好的，什么也不要做，为什么连书都读不好，你真是丢尽了我们的脸！早知道……"

注解：在孩子心里，父母对自己的爱不是爱而是一种交换，他们认为你所付出的一切原来只是一场交易，自己只是父母的私有财产，是父母光宗耀祖的工具罢了。

孩子说："爸妈，我长大了，也要做点力所能及的事。"父母说："好孩子，你读好了书就行，什么都不要你做。"

注解：一个培养孩子责任感的机会，做一个勇于担当的人的机会就这样被消灭在萌芽状态，孩子极可能会成长为一个畏缩的人、一个不负责任的人。

孩子上学了，我们说："你要好好学习，听老师的话，不懂不要乱讲……"

注解：孩子不敢问为什么，怕老师说，怕同学笑话；孩子只知道接受、从众，没有创造力，甚至没有自己的见解和思想。

孩子不知通过什么途径感恩，他对你们说："爸妈我爱你们，你们辛苦了！"父母说："爱什么爱，你拿什么来爱？读好书、听话就是最好的爱。"

注解：爱原来就是这样的功利、现实和残酷！爱的种子没有开花就已凋谢，爱的能力还没形成就被打击。

以上种种，好父母，都在用所谓的爱，绑架孩子。让他们把学习变成了对父母的回报，而不是给自己的奖励，让他们变成了学习的机器。而懂教育的父母则明白，学习是孩子自己的事，不是父母的脸面；能做力所能及的事情也是学习，不能把孩子培养成一个光会学习的机器，其他方面一概冰冷，连感恩都不会。

上面举的这些例子，大部分的父母都会犯，而且不认为是错的。最后都

会归到一点“我是因为太爱孩子才这样呀，不想让他们过早劳动，不想让孩子在学习之外分心。不想让孩子受一点点苦，不想让孩子落于人后……”

我想说，这样的爱，是不负责任的爱。常言道“父母之爱子，则为之计深远”。世上所有的爱，都是为了靠近和拥有，而唯有父母之爱，是为了让孩子更好地远行。孩子终有一天会长大，需要自己去面对这个真实的世界。父母的从小庇护和过度保护，只会培养出一个碌碌无为的孩子，想让孩子未来拥有更多选择的前提是：父母要拥有正确的教育理念。这个理念就是一定要让孩子做他力所能及的事。

爱孩子的父母，在培养孩子的时候，最突出的就是我们传统的“听话”教育，父母总是希望自己的孩子能无条件地服从自己，并以“懂事”的名义来夸奖那些“乖小孩”，可另一方面又很娇惯自己的孩子，一味地满足孩子们的不合理要求，结果造成了在孩子心中的父母形象低下。而西方在这一方面则完全相反，父母从不要求孩子要凡事听从自己的指挥，但也绝不会溺爱自己的孩子，举一个简单的例子：在中国的商场里我们经常可以看到有哭闹的孩子，这时中国的父母要么妥协买下孩子想要的玩具，要么会对自己的孩子大声呵斥，甚至是“拳脚相加”；而在国外，父母往往会蹲下与自己的孩子交谈，平和而严肃地告诉他们：“你是一个绅士（或淑女），不能在公众场合如此失态。”而这时哭闹的孩子也往往会乖乖地跟着父母离去。有人可能不信孩子会就此放弃，但这的确是西方的传统，因为父母在孩子心中早已树立起一个优秀的榜样，所以父母在公众场合的话就会特别有威信。我想这是我们的家庭德育应借鉴的。

面对孩子，疼他、爱他固然重要，但赋予他自信和责任感却更加重要，父母之爱子，是为其一生做好打算！父母的哪些行为是负责任的表现？哪些观点是需要从小就灌输给孩子的？

首先，我们要相信孩子。

只要孩子已经掌握某项技能或能够完成某件事了，以后就必须坚持让他自己做。如果孩子能够自己走路了，那么家长就不应该继续抱他。如果孩子能够自己吃饭了（不管吃得有多糟，弄得有多脏），家长都不应该继续喂他了。可能这在短期内会带来很多麻烦，比如要不断地收拾被他弄脏的衣服、饭桌、地板，但总比他都五六岁了还必须要家长喂饭才肯吃要好得多吧。

此时家长最应该对孩子说的话是："我相信你，你自己可以做到的！"（如果孩子很小，一定要蹲下来，看着他的眼睛对他说。）学会拒绝提供对孩子成长没有任何意义的帮助，小孩子越自己做事，越有成就感，自信心就越强，自信心和成就感让孩子从小绽放。

其次，让孩子做一些家务。

孩子一学会走路，就可以做一些家务。如果在孩子很小的时候，你就教他要帮忙做一些力所能及的家务，他就会把做家务当成一种乐趣和生活中很自然而然的一部分。为了小孩能够专心学习和做作业，而避免让孩子接触家务，这不是一种明智的行为。

再次，给孩子选择的权利。

小时候孩子做的选择越多，长大就越有主见，将来做选择的能力也越强。如果想将孩子培养成一个成功的人，非常关键的一点就是，从小让孩子学会作出与他年龄相符的选择，他可能选择得很糟糕，但是要让他学会在犯错中成长。而且要他知道，任何的选择背后都是有相应的结果产生的，让孩子从小学会承担自己选择的后果，这是领导力培养的早期形式，孩子们从小需要有独立作决定的机会，这对形成独立判断思维和建立自信心都非常有帮助。

最后，不过度关注孩子也不苛责孩子。

如果家长希望孩子长大后成为一个能解决问题的人、独立思考的人和全能的领导人，那么请不要用你过度的关注将他淹没了。每一分钟都沉浸在快乐和溺爱中的孩子，将会很难想出解决问题的方法。如果你过度关注你的孩子，你的孩子就不会关注你。得到过多关注的孩子会得出这样的结论：倾听和接受指令是父母的责任。反之，也不能变成高高在上的权威型父母，用不太正确的观点苛责孩子。这是两个极端。

好父母不等于懂教育的父母，先把自己修炼成懂教育的父母，知道爱孩子就要为之计深远，教育孩子要看到孩子未来20年后，你将给他怎样的影响，他如何在你的教导和影响下变成未来的自己，这很关键。

家庭带给孩子的归属感和自我价值体验

有人做过一项青少年自我价值等级与相应心理状态的分析调查，认为：

当一个人的自我价值为零的时候，他觉得活得没意义、生命没价值，他会自杀；

当一个人的自我价值为30%时，处于极度自卑状态；

当上升到50%时，处于自卑和防御状态，别人在一旁说话，他总怀疑是在欺骗自己，经常提防老师和同学；

当自我价值上升到80%以上，开始产生学习欲望，此时也能接受别人的批评；

当上升到90%以上，会产生强烈的学习欲望，达到乐此不疲的地步，会自觉控制和克制自己，远离不良倾向，抵制腐朽思想侵蚀，并努力完善自己。

可见，人的自我价值对于心理状态的影响是非常巨大的。每一个孩子来到这个世界的首要目的是追求归属感和价值感！没有这两样东西，孩子的心灵会干涸，会活不下去！归属感就是让孩子体会到：无论我是一个怎样的孩子，我都是被爱、被接纳、被需要的。价值感就是让孩子体会到：在这个家我是有价值的、我是有贡献的、我是值得被爱的！

一个行为不当的孩子，是一个丧失信心的孩子。孩子出现行为偏差，其根本原因是归属感和价值感的缺失。因为以前从来没有人教过他们，如何用恰当的方式来获得这两样东西。孩子的不当行为是建立在对怎样达到归属感和价值感的错误想法之上的。如果孩子从来没有得到过能感到自己很能干的锻炼机会，就会产生“我不够好”的想法，会将大量的精力用在反叛或逃避行为上。当父母包揽孩子遇到的一切困难或对孩子过度保护时，孩子就会成为只会依赖和接受的人，认为得到归属感和价值感的唯一方法就是操纵别人为自己服务。

在我看来，人的自我价值感等同于信念。当一个人从小具有了非常高的自我价值感，那么就等于拥有了很强烈的信念。有一种说法，“信念值多少钱？信念是不值钱的，他有时甚至是一个善意的欺骗。然而一旦坚持下去，它就会迅速增值。”

成功学创始人拿破仑·希尔的成长经历，再次验证了信念的力量，他不止一次说：“是我的继母造就了我！”

他的继母怎样做的呢？他在演讲中说：“我小时候，众人认为我是进监狱的人，假如有什么坏事，人们都会怀疑是我干的，特别是我的父亲和哥哥。后来母亲去世，父亲再婚，我断然认为新母亲不会对我有同情心。一天，父亲把弟兄几个叫到一块儿，指着我对继母说：‘这就是拿破仑，是几位弟兄中最坏的一个！’继母两眼闪着泪光，把双手热情地搭在我的双肩上，微笑着说：‘这是最坏的孩子吗？完全不是，他恰恰是这些孩子中最伶俐的一个！我们所做的一切，无非是把他伶俐的品质发挥出来！’

“我的继母总是鼓励我依靠自身的力量，制订大胆的计划，坚毅地前进，后来证明这些计划就是我人生的支柱。”

拿破仑的继母相信劣迹斑斑的孩子会变好，结果奇迹出现了，一个问题孩子成为引领千千万万人走向成功的成功导师。

拿破仑之所以成功，得益于一位好母亲，这位母亲给了他自我价值感的提升和家庭归属感，从而激发了他的信念。信念我们谈了，再看看什么是家庭归宿感。所谓的缺失家庭归宿感，在我看来就是让一个人吃好喝好，想要什么就有什么，而他并不快乐。那么这就是一个归属感的问题。

所有的家庭教育，其实真正应该解决的就是这个归属感的问题。

当一个孩子归属感很强，知道我是谁，我能做什么，那么他就会有动力，就会去努力自主地学习。如果，我们没有解决孩子的归属感问题，甚至不断地在打破他的归属感。那么孩子对自己是不认可的。什么是打破归属感呢？比如说“我是谁”，首先让孩子能够界定我是什么。孩子这个个体在界定“我是谁”的时候可以有很多不同的面，比如说，孩子给妈妈倒了杯水，妈妈很高兴，孩子发现我可以为妈妈做些什么事情，这就是归属感。孩子发现我能独立完成一件事情，那也是归属感。但是如果妈妈说：“你有时间给我端杯水，还不如去好好学习呢。”这个时候归属感就变成了只要学习好。而只要学习成绩出了一点问题，他的个体就变得没有价值了。但是如果我们给孩子多方面的认可：“你画得很好”“你游戏玩得很厉害”“你能帮妈妈做些家务了”，等等，这些就是给了孩子多方面的认可。如果孩子有任何一块出问题，都不会有大问题，因为他还有其他方面被认可，只要再花时间把不被认可的一面补好。但是如果现在只有一个面，那就是很可怕的。这个面一旦出问题，孩子就崩塌了。

比如，我们在报道上常见的孩子离家出走，大多是因为学习成绩碰到了问题，而且在其他方面又找不到“归属感”，导致孩子的内心没有了依托。他们被认可的只有一面，一旦这一面被否定或者不足，孩子自我疗愈的能力就消失了。

人的生理需求，也就是吃饱穿暖得到满足之后，心里最大的渴望就是爱与归属感，它们像心灵的食物，若是得不到，会令人感到空虚沮丧。孩子心里最大的渴望就是与爸妈连接的归属感，那是超越了一切事物的渴望，那么，孩子是通过什么方式与父母连接的呢？我们要了解孩子深层的心理需求，也就是他必须与父母双方都有所连接，这样才能满足其心中的归属感需求。

如果孩子对其中一方的连接有所缺乏，将会让孩子感到空虚遗憾，而最令孩子难以忍受的是父母其中一方否定另一方、排斥另一方，那就像自己内在的一半否定另一半一样，结果必然造成孩子心理上的分裂。

例如，妈妈常说爸爸不好，不认可爸爸，孩子为了能和爸爸连接，会采取强烈的方式，也就是和爸爸做相同的事。但因为这不被妈妈允许，所以孩子表面上会听妈妈的话，然而私底下会像爸爸，甚至在潜意识里跟随着爸爸的命运而不自知。

当我们否定自己的太太或先生时，我们正在给孩子什么样的信息呢？“你爸爸是懒惰、不负责的人，你以后不要像他一样！”“你妈妈死爱钱，你以后不要像她一样！”“你妈妈爱唠叨，你以后不要像她一样唠叨！”“你妈妈都不顾家，你以后千万不可以像她一样！”这样的孩子长大后肯定会出现这些行为：懒惰、不负责、死爱钱、爱唠叨、不顾家。为什么？因为他心里强烈需要和他的父母连接，但有关他爸爸或妈妈的信息却全是负面信息，他当然只能跟这些信息连接，做出相同的行为来满足与爸妈连接的归属感。有人说，我只放在心里没说出来呀！不要自欺欺人了，孩子的感觉无比敏锐，就算表面上没说，如果你心中有这些信息，一定会在无意间显露出来，而你的孩子一定会感受到。当夫妻因为对方的行为而否定他或她身为父母的身份，孩子就会和被排斥的一方做出相同的行为。

如果孩子与爸爸妈妈连接的归属感建立了，他们会更积极向上、更有自信。即使夫妻有可能分开，但是他们仍然扮演着自己的角色，注重彼此在孩子成长中所扮演的角色，孩子也会积极勇敢地面对，不会造成孩子心灵上的伤害。

所以，一个家，真正的教育核心是建立孩子的归宿感和提升孩子的自我价值体验。孩子内心如果拥有这两种力量，才会在成长的路上坚定且从容，安全感和自我认同感俱足。

错误的印记造成心灵纽带缺失

在漫长的人生里，我们很少有机会真正能够静下心来，质疑一下生命里发生的所有事情背后的意义与目的是什么。我们也很少有人能够有机会去探究这个生命轨迹，这个不可思议的轨道背后到底有没有隐蔽的秩序。

为什么我们每个人都渴望正向的人生结果，但是却往往事与愿违，遭遇了非常多的磨难和挑战？当我们的生命进入到某一个阶段的时候，我们开始不由自主地静下来去质疑这些心中的“疑问”。有的人从心理学角度提出解答，有的人从哲学的角度提出解答，有的人则从社会学的角度提出解答，也有的人是从他生命最深的体悟，也就是证悟到了终极实相的角度来提出解答。

我察觉到，人们内心深处最大的痛苦都是来自深层的自我否定、低价值感、不安全感、生命中的一种莫名的焦虑，还有强迫性地想要掌控所有的人事物的一种渴望。而这些内心深处的波动、自我怀疑、不安全感，似乎都是源自我们原生家庭中父母亲的精神状态。

没错，对于孩子来说，家庭是孩子最好的避风港湾，是孩子内心安全感的能量补给中心。一对有情有爱的父母才是孩子最好的榜样和参照。反之，恶语相向、离婚出轨等，这种反面教材教给孩子的不是爱，而是恨。

我的学员孟小姐，给我讲过自己的经历，她坦言，自己害怕婚姻，因为她有一个出轨的爸爸。

她说，18 年前，自己 7 岁时，父母就因为爸爸出轨离婚，还因此闹上法院。因为父亲工作更优越，她被法院判给爸爸，从小跟着爸爸长大。

15 岁那年，孟小姐的爸爸二婚，对象是爸爸单位的同事。“爸妈离婚那么多年，长大了，也没那么难受了。虽然爸爸是二婚，我还是在心底祝福他，为他找到爱人感到高兴。”

爸爸二婚后，孟小姐和爸爸、后妈一起生活，但她没有想到，二婚后爸爸依旧不改出轨本性，19 岁那年的一天晚上，她和后妈在家里看电视，门铃突然响起，打开门后一个化着浓妆的陌生阿姨将喝得酩酊大醉的爸爸送了回来。爸爸的衬衫上还挂着口红印，孟小姐隐隐明白发生了什么事，一旁的后妈更是气得紧握拳头、浑身发抖。

“那之后没多久，我爸和后妈又离婚了。”孟小姐回忆，从那以后，爸爸每年都会交往不同的女友，还交往过 20 多岁的女孩。有一次，她听见爸爸的好哥们劝他：“老孟，你不要再欺骗这些无辜女人的感情了。”爸爸也不为所动，仍然定期更换女友，至今没有再婚。

大学毕业后，孟小姐参加工作，立刻从家中搬了出来，和爸爸划清界限。只有节假日她才会回去探望爸爸。

因为童年目睹父亲出轨留下阴影。特别小的时候，就发现爸爸有“小三”，她恨了爸爸好久，现在都有点“恐婚”。

提起那段爸爸出轨的经历，孟小姐至今记忆犹新：那个时候我才 11 岁，在家里写作业的时候，听见门口有陌生女人说话的声音。她起身开门，发现爸爸和一个陌生阿姨在一起，举止亲昵，正偷偷摸摸说着什么。

那时我还不是很懂，只是心里觉得不太好。到了晚上，孟小姐被爸爸妈妈的争执声吵醒，隔壁卧室传来妈妈撕心裂肺的哭声。我这才明白，我下午看到的阿姨是爸爸的出轨对象。

孟小姐说，爸爸在她心里一直是完美好男人。发现爸爸出轨后，爸爸的形象在她心中一落千丈。后来妈妈选择原谅爸爸，在外人看来，他们还是一个幸福美满的家。时隔多年，至今回想起来，孟小姐心里依旧有个疙瘩。

“现在我对婚姻都没有什么安全感。”孟小姐说。已经27岁的她，多次被男友催婚，但每次一听到“结婚”两个字，她都会不自觉地心生恐惧。有了这样的爸爸，她认为自己的价值观被扭曲：“他摧毁了我对人性最基本的信任，也摧毁了我对婚姻的信心。”

从孩子出生起，父母就是孩子人格学习的榜样，父亲出轨，不管孩子处于哪一个年龄段，都会对孩子带来极大创伤。幼年时期，孩子会没有安全感。少年时期，会让孩子产生逆反心理，长大后会对感情多疑，对婚姻持悲观态度，产生恐婚症。

当一个人带着这些创伤长大之后，明明不想重复父母错误的模式，但是却会不由自主地把父母亲加诸的这些不当的教育，投射到亲密关系中以及下一代身上。于是，又造成了代代相传的一种伤害。

当我们有这些现象的时候，我们就没有办法在一个亲密关系里面获得深层的满足。因为无论是亲密关系，还是亲子关系，或者任何一个重要的关系，我们都希望能够跟对方有畅然无阻的能量交流。如果达不到这个目的，我们就会怅然若失，我们心灵的空洞就没有办法被填满，我们就觉得还需要再去寻找更爱我们的人，对我们更坦诚的人，更温暖、更能支持我们的人。于是我们就会产生遐想，对现有的关系不满意，然后我们就会去发展出外遇或者是其他的关系。那么最根本的原因就在于，我们其实跟我们的身体之间已经产生了严重的问题，没有建立起一个好的关系。

所以，一个家庭带给孩子错误的印记会造成一个人成长过程中心灵纽带的缺失。不知道如何跟内在的自我沟通，比如：

小时候父母经常争吵，内在的安全感就很难建立好。所以在婚姻关系模式中，就有很多的猜忌和怀疑。

如果小时候大人不允许哭闹，不允许释放和表达自己的情绪，长大后，就会很难做到聆听孩子的心声，感受并重视孩子的情绪。

小时候，父母经常被忽略了情感，就可能把这种内隐记忆储存起来。然后在有孩子之后，大脑就自动调取了这段内隐记忆，接着用同样的模式来对待自己的孩子。

教育孩子，很多时候，我们会经常调取我们大脑潜在记忆中的应对模式，来对待我们的孩子。我们习惯按照过去的经验去办事。

表面来看，是我们和孩子互动过程中产生的一切情绪。其实，都是经过童年早期经历的内在储存点的翻译过滤后才产生的。

整合好自己的过去，才会轻松地面对教养孩子的过程。因为我们无法处理的早期创伤经历会妨碍我们和孩子的依恋感、安全感的建立。

问题父母造成问题孩子

每个人从生下来最早接受的就是家庭教育，受到影响最大的也是家庭教育，这种教育有言传有身教，甚至我觉得身教重于言传。你生活在这个家庭里面，你的长辈，你的亲人，他们是以一种什么样的方式对待工作、对待他人，我想会对孩子产生直接的、潜移默化的影响。因此，我觉得有好的家风，确实是对孩子的成长非常有利的。

一位伟大的教育家曾说过："造就一个人，或者毁掉一个人，就看你是如何教育的。你当初播下什么样的种子，今天就会收获到什么样的果实……"孩子最早受到的教育来自父母，父母眼中的那些"小事"或许会将孩子引向地狱的深渊……

我们常会看到两种截然不同的现象：一是在关系比较紧张、矛盾和纷争不断的家庭中的孩子，大都性格孤僻、性情暴躁，对人缺乏友善，很难养成好习惯；二是生活在一个关系比较融洽、彼此互敬互爱的家庭中的孩子，大都活泼开朗、性格温和，能有较好的人际关系，很容易养成好习惯。

为什么两种家庭中的孩子会有如此大的反差呢？究其根源，主要是孩子在成长的过程中，不断受父母的性格、脾气、人际关系、价值观取向等方面的影响。孩子从出生后便开始模仿父母的一言一行，久而久之，便会出现上述两种不同的个性特点。

第35届全球“家庭影响智慧”父母课堂上，有一个父亲讲述他和儿子之间的事情，他说：“我的儿子14岁，贪玩、不好好学习，考试经常不及格。”他以前一直信奉的是“棍棒底下出孝子，孩子不打不成器”。于是，他经常对儿子进行打骂。孩子的心灵受到伤害，学习成绩愈加退步。一次期中考试，孩子所有的功课都不及格，在被他又一顿暴打后离家出走。后来他寻子无果，报了警。警察协助他寻找了半个月才在一个网吧找到，而孩子已经跟别人借了不少生活费。如果再找不到，孩子会不会伙同其他人去偷去抢，很难说。这位父亲说：“我险些把孩子逼到犯罪的道路。”

这位父亲分享他的教育方法的时候，也同时认识到了自己教育的不足。后来，他把孩子送到了我们的青少年国际培训课程“Yes I Can”（是的，我能行）上进行了系统的培训，原本在父母眼里贪玩儿不上进的孩子，离开培训营的时候完全换了一个人。尤其在接下爸爸肩头的包要自己背的时候，孩子的父亲竟然眼圈红了。他跟我们道谢，因为培训教育了孩子，更教育了他自己，是他先改变，才有了孩子后续的进步和表现。

从对那些少年犯的调查中发现，在15名持械斗殴触犯刑律的少年中，有14位的家长性格粗暴、爱与人争斗，对孩子动辄拳脚相加。这样的家长怎么可能培养出温和明理的孩子呢？而且那些在家中常挨打的孩子内心压抑。他会想：“现在我打不过大人，总是挨打，等我长大了要去打别人!”在家庭中使用暴力，无论是对孩子还是对配偶，其结果都是给孩子造成伤害，产生严重的不良影响。

问题少年必有问题父母。未成年人出现行为问题，肯定有父母的责任。我国目前社会中大都是独生子女家庭。有的孩子不仅被父母宠爱，还倍受祖父母和外祖父母的娇宠。一家人对孩子娇生惯养、百依百顺，对孩子身上的小毛病、坏习气听之任之，不进行严格教育。过分溺爱使孩子养成了以自我为中心的性格，任性、放纵、为所欲为，缺乏基本的道德水准和社会责任感，形成潜在的违法犯罪诱因。

一位 13 岁的男孩子，父亲是老师，母亲是公司白领，两人提倡的教育观念完全不同，一个对待孩子非常严厉，另一个却是把孩子捧在手心里宠成了宝。

为了孩子该怎么培养的问题，两个人三天两头地争吵，一旦涉及教育和培养孩子的事情，家里的老人一致认为，孩子还小，不需要多么硬性教育，所以，家里出现了两种情况：严厉的父亲几乎是权威有余，方法不足；妈妈只知道凡事顺着孩子，不敢有任何违背孩子心意的做法。再加上老人的溺爱和偏袒，结果争吵了十多年也没有吵出个结果，反而把孩子给吵叛逆了。最初是跟父母不亲近，然后抽烟逃学，最后演变成了离家出走。

在和我们心理咨询师沟通的时候，这个孩子说：“爸爸妈妈老是因为我吵架，加上我爷爷奶奶因为我还跟我妈妈吵架，我不想看到他们这样。而且，他们每次吵完架，就会把气撒在我身上，我讨厌他们，讨厌这个家。”

夫妻双方因为各执己见而吵架，吵完后，自己的情绪是发泄出来了，却在孩子的心中留下了不可磨灭的印记，对孩子造成各种负面影响。而且有时候，父母之间的对立情绪还会无意识地转嫁在孩子身上，比如冷言冷语、不给好脸色或者责怪孩子没做好，最终伤了孩子的心。

我们知道，在生活中父母亲总是会对自己的孩子抱有很大的期望，因为孩子就是他们的未来，他们已经把自己的一切奉献给了孩子，所以都是很希望孩子能够有所成就，那么他们的心愿也就可以达成了。父母亲的一生无不都是为了孩子，他们的苦，他们的累，只有他们自己知道。但是，作为父母亲，在关怀孩子未来希望的同时，也要懂得说话和做事的分寸，因为有可能因为一句话或一件事的处理而给孩子带来许多不必要的烦恼，或者还有一些父母对于自己的言论和价值观没有意识，不知道对与错，从而给了孩子错误的引领和传导。

王人平在微博上说过一段话："你的今天，就是孩子的明天，你今天对孩子喊，就别怪他明天对你叫；你今天对孩子没耐心，就别怪他明天对你不耐烦；你今天训孩子不如别人优秀，就别怪他明天怨你不如别人爹妈有权势；你处处苛求孩子完美，就别怪他自卑懦弱；你习惯打骂孩子，就别怪他崇尚暴力或奴性十足；你自己界限不清，就别怪他不负责任。"

来参加我的课之前的家长，大部分会向我提出一堆关于孩子的问题，等课上完了，再让他们回头看是不是所有的问题都出自孩子的时候，他们就会反思，不是孩子有了问题，是父母有了问题。或者更确切说，是父母教育的思维和看待问题的角度出了偏差，才会导致那么多父母眼中的"问题孩子"。

在我们中华文化中，仿佛孩子有问题，都是孩子的错，与家长没有什么关系。所以很多家长会不厌其烦地甚至理直气壮地跟人讲他的孩子如何不听话，自己如何的辛苦而孩子又怎样的不懂事。

在关爱的环境中，孩子学会了关爱；在尊重的环境中，孩子学会了尊重。这个流传已久的教养方针，会一直流行的。没有坏孩子，只有让孩子养成不良习惯的父母。如果父母知道自己的问题，从而学会规避，哪怕是自己遗传和承袭了原生父母的问题，只要有意识去修正自己的处事方法，不断提高教育孩子的水平，那么，将来的将来，孩子不会再说："我的问题来自父母。"

有一种伤害叫"这是为你好"

我们每一个当过孩子又迈进当父母行列的人，对一种言论绝不陌生，甚至自己也不经意会对孩子说，那就是"这都是为你好"。

我相信，我们"80 后"的父母，都是在父母的专制下成长起来的，我们曾经或许现在都是让父母“操碎心”的孩子，即使我们已经这么大岁数了，但仍然感觉有一些父母固执地打着“为你好”的旗号，在你生活的各个方面指手画脚。

如果你抱怨或是顶嘴，他们觉得很伤心：“关心你还成了错了?!”

当你听话的时候，他们说：“你看，我就说没了我们，你什么都做不了。”

如果你没听话，最后结果不好，等待你的就是最可怕的那句话：“你看我说什么来着?”

总之控制型的父母似乎不会犯错，他们永远是对的。从古至今“我这是为你好”这句话伴随着多少孩子成长。“我这是为你好”，父母对孩子说。“我这是为你好”，老师对学生说。

而我们的孩子呢？在听到家长、老师所谓的“我这是为你好”的话，他们的反应是怎样的呢？当父母为自己的婚姻做主时，孩子闹得与父母脱离关系；当家长为孩子报很多兴趣班时，孩子一事无成，甚至一个都不想参加；当老师在拖堂时孩子们的心早就跑到教室外面，心里面在嘀咕：这老师，真烦！所有的所有都是对“我这是为你好”最好的讽刺吧！

当我们在说“我这是为你好”时，当我们在做“我这是为你好”的事时，我们可曾想过，对方真的需要吗？对方理解吗？对方不能接受的好，再好也是徒然。

诚然，绝大多数父母都爱自己的孩子，但最后也许会变成以爱为名的强迫甚至要挟，一句“我是为你好”往往会成为万能的理由。你可以在中国式家庭里看到无数这样的例子：父母拿着棍子监督孩子学乐器，说“我们花钱让你学这个，是为了你好”；父母偷看孩子日记，美其名曰“掌握思想状况”，反正“我们是为了你好”；父母要求孩子读他们喜欢的学校和专业，因为“我们有更丰富的人生经验，我们是为了你好”；父母逼着孩子考公务员，找一份稳定的工作，因为这是“为了你好”，让你更安稳或更有前途；父母逼孩子结婚，因为“我们辛辛苦苦把你养大，你到现在还一个人，太不负责任了，而且，人就是要结婚的，不然以后多孤苦，我们是为了你好”；父母要抱孙子，“人怎么能不传宗接代呢，子女是生命的延续啊，而且你老了，也有孩子照顾你，我们是为了你好”……

现实生活中，这种例子比比皆是：孩子要出去踢足球、打篮球，被父母拦下了——“这么激烈的运动，要万一撞伤了、扭伤了怎么办？不准去！”

周末，孩子和小伙伴们相约骑单车去郊外踏踏青，被父母拦下了——“人贩子那么多，要万一碰上了咋办？还有，自己骑单车，多危险啊！摔了怎么办？不许去！”

放暑假了，曾经的同窗某某某打电话来约聚一聚，被父母拦下了——“那个谁谁谁不是好人，你少跟他混一起，别把你也带坏了！不能去！”

吃完饭想到老师说要帮父母干点力所能及的家务，所以主动请缨挽起袖子要洗碗，被父母拦下——“写作业去写作业去！只要你将学习提上去，妈妈爸爸累点儿都没关系！不用你干！”

当然，每当这个时候，做孩子的总会听到，而做父母的也总是不会忘记语重心长地加上那么一句：“我这都是为你好！”或者，即使父母不直接说，但潜台词，就是“为了你好”。

而这种“为了你好”实际不是真好，而是一种变相控制和伤害。是父母和老师在武断而粗暴地干涉孩子的想法。中国的父母其实是很专制的，这大概也是我们五千年文化的传统。每当孩子的行为与父母相违背时，中国的父母总是很乐意说出“这都是为你好，你听话就行了”这么一句极不尊重孩子的话。的确，我们的父母是爱孩子的，可是爱并不意味着孩子是你的私有产物，况且随着孩子的成长，他们会有自己的想法，也有被尊重的需要。而作为家长，很多父母在孩子的学业、情感和生活方面粗暴地横加阻拦，导致孩子在长大后往往能力低下且性格懦弱。很多学生从小兴趣就被家长所扼杀，不情愿地学着自己不喜欢的“热门专业”，然后再在亲友们的羡慕中一路拿到硕士和博士学位，最后却要么高分低能无法就业，只能继续读书或在家啃老；要么干脆感慨“理想与现实”差距太大而选择自杀。

我有一个朋友，小时候他特别想学安徽地方戏，但父母说这个行业没出息，学不好等于浪费时间浪费钱，即使学好了也只是一个身份低微的“戏子”，愣是托关系、走后门让他去当兵，认为当兵好，以后能做军官。他开始特别反抗，生性内向的他不想去部队接受严酷的训练，而父母却说“这是为了你好，一个男孩子，唯唯诺诺有什么好，还不如去当兵训练，练练肌肉，练练胆量”。结果他极其不乐意地，违背了自己的真实意愿，在父母“为了你好”的逼迫下去当兵，结果当了两年大头兵转业回家，没有正式工作，再学戏他也没了当年的心气儿，整个人特别颓废，成天窝在家里无所事事。这个时候，父母又开始说了，你得赶紧学门手艺，将来才能养活自己。而他跟父母顶嘴：“当初我要学手艺，你们让我练胆量，现在倒好，胆量有了，其他什么都没学好。”父母也不留情地回击他：“这是你的问题，我们当初是为了你好，现在你没学好，没留在部队反而怨我们的不是。”于是，他跟父母的关系越来越紧张。

所以，我觉得“都是为你好”是一种伤害，这很有道理。实际上这种伤害特别符合中国文化最经典的“己所不欲，勿施于人”。你不想要什么，就别给别人什么。

你不想让别人对你指手画脚，你就不要这样对别人。你不想让人干涉你的自由，你就不要过分干涉别人的自由，等等。但是，“己所不欲，勿施于人”，绝对不等于“己所欲，施于人”。因为你所欲不一定是别人所欲，千万也永远不要把自己的欲望强加给别人。尤其是当别人已经开始反抗的时候，你施加的压力越大，产生的反抗和反效果也会越大。即使你的压力使你成功了，那么你得到的也是一个压扁了、不会自己选择、不会自己去思考的人。那就不是一个完整的人。你为了他的好，最后会毁了他。

父母不要再举着“为了孩子好”的大旗，用爱的名义对孩子实施伤害，真正为孩子好是要在尊重孩子的基础上，给予孩子选择的自由和将来他对做的对错与否能够乐于接受和承担的责任心。只有那样，才是真的为孩子好，不是挂在嘴上说说而已。

父母的负面榜样给孩子内心绘制错误的版图

有很多人不知道或不觉得自己行为模式或思维模式是来自父母，其实，在很小的时候父母给孩子的榜样作用，能决定一个孩子未来的思维和心理版图。我们看看下面的场景：

有些父母对孩子动辄打骂，别人看到，劝他们不要老是打孩子，这对孩子的心灵会造成创伤。他们会义正词严地说："这就有创伤了?！我小时候也是这样过来的，现在还不是健健康康，没什么毛病！"

如果总是把父母对待自己的方式，复制给下一代，那么同样的教育方式就会不断流传下来。家长们不妨想一想，你是否希望你自己童年经历的一些不太开心的事，在你的孩子身上重演？例如打骂，在家长童年被自己父母打骂的时候，你是怎样的心情呢？

跟复制相反的，则是父母对于孩子的过度补偿，如果一个人在童年有一些不太好的经历，他可能会在抚养孩子的过程中下意识地想要补偿自己的过去，或者借此来否定父母对待自己的方式，采用和父母完全相反的方式去抚养自己的孩子。

"小时候我爸对我很严厉，什么都管着我，现在我要好好爱我女儿，决不像我爸那样严厉，一定不再让她吃我当年吃过的苦！"然后这位妈妈在跟孩子的相处过程中，就变得太过迁就、放纵、娇惯孩子。

小时候缺乏父母关爱的，之后加倍爱自己的孩子；小时候经济上不够宽裕的，在有能力后给孩子过多的物质；小时候被过于严格对待的，对孩子就太放纵……这些都是家长在弥补自己童年时的缺失。

无论是照搬和复制父母的错误教育方式，还是过度补偿孩子，根源都是父母给了孩子负面的榜样，让孩子的内心出现了错误。

有一个学员，因为生活不如意来参加我们的疗愈课程。她就是一个因为小时候目睹了父亲对母亲的不爱，从内心恨父亲，导致自己结婚以后心底的创伤记忆一直存在。丈夫偶尔表现出了跟自己内心父亲形象有相似或吻合的地方，她就会十分恐惧，从而开始发泄。我们来看一下她是怎么说的：

> 我对婚姻有阴影，因为我一直生活在一个不幸福的家庭。我妈妈年轻时是个大美女，这一点我奶奶和亲戚都跟我说过，当年追她的人很多，妈妈心地善良，是个非常宽容大度的女人，也非常孝敬父母，而我爸很普通，家庭条件一般。我爸婚后开始对我妈挺好的，刚生了我的时候也是非常的好，但是在结婚两年后，我爸的本性就慢慢暴露了。我爸没有什么本事，只会打点零工，差不多都是我妈妈在养家，但是我爸脾气还特别大，对我妈说话都是用吼的，从我记事起，家里就充满了爸爸的吼叫声。我一直很怕我爸，我妈脾气特别好，一直对我爸非常容忍，因为觉得有了孩子，为了孩子也不想离婚，所以很多委屈我妈都自己默默承受。因为我爸没本事，家里没钱，随着我长大了、上学了，需要花钱的地方越来越多了，看着别的家庭都换了新房子、买了新车，而我爸爸……永远一副好吃懒做的样子，每天回到家像个大爷一样，对我妈吼、对我吼，还一度要跟我妈妈离婚。我妈妈要不是为了我早就离婚了，看着妈妈一个人在被子里哭，我当时年幼的心像刀割一样，永远忘不了。导致我现在只要看到或听谁说某一个男的既没有什么本事，还冲老婆、孩子吼，我全身的每个汗毛孔都会竖起来，感觉从恨爸爸上升到了恨所有这一类男人。这也是造成我和爱人始终不能很和谐相处的原因。我感觉自己内心有伤。

她说得很对，这是一个童年有创伤的人。在成长的岁月里，她把这个伤悄悄放在了心底，但始终没有治愈。当她的丈夫跟她共同生活，偶尔触碰了她的伤，她就爆发了。在给她做疏导的过程中，她坦言，自己并不是一个合格的女儿，小时候没能化解妈妈的孤独和伤痛，长大了依然没能做

一些努力去调和父母的关系，或者说因为自己的努力改变爸爸，只是一味去恨、去怨怼爸爸，而没有办法消解这种对抗和不满。

听她这样反省，我又想到另一层意义，做好父母的孩子，才能做好孩子的父母。一个在父母面前能当一个合格的女儿的人，那么未来当一个好妻子、好母亲的概率就会大大增加。反之，一个在父母面前都没能做好一个合格女儿的人，未来当好妻子或好母亲的概率就会很小。虽然这种可能不是绝对，但却是大概率事件。

如果出一个选择题给大家，当好儿女重要还是当好父母重要？你会怎么选？这个问题看似是两个选择，实际只有一个选项。我一直给我的学员强调，一个人要想当个好父母，先要当个好子女，不但不冲突，而且还是必要的。

同理，假如一个男孩子从小感受到妈妈不是一个好妈妈，那么他不可能是一个阳光健康的人，他接触女性时既有对妈妈的爱也有恨，所以会最终找一个妈妈版的妻子。可能也不能很好地处理感情。反之，假如一个人不孝敬父母，在父母面前不是一个好孩子，等他长大以后不太可能成为一个合格或者真正意义上的“好父母”。

如同林文采博士说的那样，一个人想影响孩子，先给自己当父母。也就是说，你有没有办法对自己温和而坚持。当你失败了，有挫折感了，你是怎么对待自己的。你会不会对自己非常严厉？能不能原谅自己？如果是的话，那么当你成为父母后，你的孩子犯错时你也会这样对他。另外一点就是，你有没有办法管得住自己，你的内心能不能对自己坚持说“不行”。如果你能做到，那么你以后面对孩子时就能对他说“不行”；如果你不能，那么对待孩子时你可能也完全凭心情，不懂得如何拿捏分寸。所以，一个人不用等到有了孩子的时候才知道自己是不是个好妈妈，当她自己面对事情时，就已经可以知道答案了。

著名心理学家阿德勒说过：“早期的回忆是特别重要的。它们显示出个人生活方式的根源及其最简单的表现方式。”他的《超越自卑》一书中

有详细论述，一个人的早期记忆，将会形成一个人未来人生中待人处事的行为方式和思维模式。早期记忆也就是我们童年经历的回忆。

当我们受了伤，比如做饭时被菜刀划伤得比较严重，医生说伤口半个月内不要遇水。那我们在伤口恢复期间，不管是洗手、拿东西，或者涂抹护手霜等，都会小心翼翼地避开伤口。等到伤口愈合后，我们再继续拿什么东西，有时却还会不自觉地避开伤口所在地方。其实我们早已知道伤口愈合，但是曾经受过伤的记忆还一直印刻在我们的脑海里。我们的身体无意识地做出了保护自己的举动。

如果一个人小时候，总是被父母责怪、批评，等他长大后不再被父母责骂，好像一切都已经过去了。然而当他开始抚养孩子的时候，父母的声音仿佛回荡到耳边，影响着他成为一个合格的父母。

都说，孩子是一块神奇的土地，父母是这块神奇土地的首批耕耘者。在这块神奇的土地上，播种什么样的思想，就收获什么样的行为；播种什么样的行为，就收获什么样的习惯；播种什么样的习惯，就收获什么样的个性；播种什么样的个性，就收获什么样的命运。正如法国哲学家爱尔维修所说：“即使是一个普通的孩子，只要教育得法，也会成为不平凡的人。”反之，如果父母在教育孩子的时候给孩子树立了负面的榜样，那么孩子的内心将会留下错误的印记。

第四章

原生家庭塑造了你的性格，你影响孩子

原生家庭塑造了你的性格，你影响孩子

一个人的姿态和价值观来自家庭

有句戏言“龙生龙，凤生凤，老鼠的儿子会打洞”形象说明了一个问题，什么样的父母造就什么样的孩子，或者反过来说，孩子的姿态源于自己的父母和家庭。

英国首相丘吉尔有句名言“人造住宅，住宅造人”，房子是人造的，可是住进去后就慢慢形成一种文化、一种氛围，这种氛围就叫作“家”。

我们中国人比较注重家庭，家庭成员较多受家庭的影响，家庭是个人不可分割的部分。中国传统社会的结构中最重要而特殊的是家族制度，中国的家是中国社会的中心。所以，我们要明确家庭的核心文化。中国人几乎所有活动都是在家庭之内完成的。在这样的家庭里，人们感到自己是一个大群体的一员，感到了互相照顾和安全，也感到了相互依存和限制。即使今天，家庭仍强有力地影响着个体生活的许多方面，决定着人们的职业选择和配偶选择，影响着人们与周围人的关系，也影响着人们对未来的态度。

所以，这就符合了丘吉尔说的——“住宅造人”。所以，每个父母，在我们成为父母的那一刻，或者即将成为父母之前，有没有想过，我们在自己的家庭里学会了什么，父母给了我们什么样价值观和人生态度，我们又能给自己的孩子带去什么样的生活姿态和价值观呢?

有一个朋友，他的生活态度就非常科学且理智。没有豪车、豪宅，也不能每年带孩子出国度假，但一家人的日常生活很简单，除了应酬时穿的外套，一家人的衣服都以得体舒适为主。这个朋友从小受父母影响，爱惜粮食，吃饭不撒饭粒、不剩饭，他也这样要求和教育年幼的孩子，“再有钱，一天也只能吃三顿饭。但是你节省一些，却可以改变很多人的生活。”后来这位朋友注册了一个企业，每年都要从赢利中抽出一部分钱资助村里无生活能力的老人，他还和一群志同道合的“70 后”“80 后”企业家一起，注资 20 万元作为慈善基金，帮助需要帮助的人。

这是一个非常典型的向孩子灌输高姿态的生活态度和正向价值观的案例。除此之外，父母还要努力营造一个和谐温暖的两性相处模式。让孩子学会如何爱人、如何被爱。

我的父母当时结婚可以说不是门当户对。所以，当他们靠着父母之命、媒妁之言走在一起的时候，既没能拥有共同的价值观和生活态度，同时也没有性格上的彼此互补。而是像两只刺猬一样，从来不敢抱团取暖，最最相爱的两个人隔着一段距离，这段距离让他们互相指责、埋怨。母亲的那种不安全感，父亲那种沉默应对的冷漠，我从小看到的就是这样的两性相处模式。导致后来，我也没能处理好我和前妻的关系。当然，我只是举这个例子来说明，家庭在一个孩子的生活态度和价值观形成方面能起到多么重要的作用。当然，这不完全是因为我沿袭了或是亲睹了父母的相处模式，更多的也有我自己在成长过程中有所偏差造成的。正是基于这样的认识，我在不断修正自己，以期唤醒更多的家庭，因为一个人的姿态和价值观来自家庭，或者大部分来自家庭，这是每一个孩子的宿命和际遇，我们都逃不过，不论是好的还是不太好的。

所以，父母应该努力给孩子营造一个友善、和谐、充满爱的成长环境，在这种环境中长大的孩子会更懂爱、爱自己、爱他人，从而拥有健康心态的基础。家庭是否和睦、父母情感是否和谐、婚姻是否幸福，都关系着孩子的成长与人格的塑造。夫妻关系不好，会使孩子缺乏安全感、归属感，从而导致心理失衡。

家庭中夫妻关系的状态，会在孩子的潜意识中留下印记，影响孩子将来对待异性的方式以及对待婚姻的态度。如果父母关系不和，给孩子留下了负面的印记，孩子将来就有可能对步入婚姻“围城”表现出强烈的抗拒。即使结了婚，也会不自觉地延续父母不良的相处模式，因为在孩子的潜意识里，这种模式已然成为一种处理夫妻关系的经验，它会一直作用于孩子的婚姻，形成恶性循环。它就像一个魔咒死死地纠缠孩子，严重影响孩子未来的婚姻生活质量。

靠谱又称职的父母是家庭情感文化和价值的缔造者，你给孩子造成的情感影响，同时影响着孩子的性格、思想和品德的形成和发展，影响孩子的身心健康。尤其是低龄孩子，各方面的素质水平迅速发展，美满和睦的家庭环境则为他们的健康成长奠定基石。反之，则会给孩子稚嫩的内心世界埋下“雷”。

同样是孩子，放在不同的家庭生活环境中，成长的结果有可能完全不同。

比如，父母互敬互爱，家庭生活井然有序，孩子可以无忧无虑、热爱生活，对周围的事物充满好奇心与求知欲。研究表明：生活在恩爱家庭中的孩子，不但心理比较健康，而且智商也高。美国一位心理学家对4000多名独生子女调查后发现：家庭气氛和睦、常有笑声相伴的家庭，孩子的智商比不和睦的家庭的孩子智商高。相反，生活中父母争吵不断，家庭矛盾日益升级，打斗离婚甚至互相伤害，孩子不但无法顺利成长，内心也会由于目睹父母的种种行为对生活产生惧怕，从而产生负能量，对生活热爱不起来。小则身心受到影响、郁郁寡欢，大则会影响孩子日后对自己小家庭的组建。

在孩子这里，家庭就好像一个小社会。父母的相处之道，让孩子在潜移默化中学习如何待人接物。孩子本能地效仿父母，形成与他人相处的方式。在父母恩爱、相互尊重的家庭里长大的孩子，大多彬彬有礼、富有爱心。在和睦家庭中成长起来的孩子，大多有稳定的安全感、归属感，性格多乐观、自信、诚实，遇到困难多会采取积极的方式应对。

相反，如果父母关系紧张、家庭矛盾多，一方或双方有不良的生活习惯，又或者品行不端，也会对孩子形成反面教育。家庭中若充斥着吵闹、冷战，充满负性情绪，孩子就会压抑、恐惧、自卑，或产生对立、仇恨，甚至发展出暴力倾向。长此以往，一些孩子还会在家庭以外的地方寻求慰藉，早恋、上网成瘾都是向外寻求慰藉的表现。

所以，家庭里情感文化经营好了，才能谈到后面如何培养孩子的问题，给孩子奠定下强大的接受爱和给予爱的基础。给孩子当好父母，不一定是有钱的父母。有钱当然更好了，但我们都是普通父母，没有特别有钱，那么更要在生活中力求给孩子一个平静祥和的家，给孩子树立一个情感上的楷模。

父母是孩子一生心理幸福的牵引

关于亲子和家教方面有一句很好的话：在孩子眼里最好的家，就是爸爸爱妈妈。我再补充一下，想要给孩子一个强大的心理支撑，就是让孩子看到爸妈互爱。这种互爱体现在外在的语言和行为方面就是父母的相互认同和接纳、鼓励和信任。

因为，孩子不是凭空来的，当他作为家庭的一分子不断成长的时候，他的眼睛看到的是父母的行为，耳朵里听到的是父母的言论。

孩子从来到世界以后，首先接触的就是父母和家庭环境。一般来说，从出生到学龄前这个阶段，孩子和父母接触的时间比较多，他们对父母的行为耳濡目染。父母不仅是孩子的长者，也是他们在实际生活中模仿的榜样，父母的举止、谈吐、音容笑貌都会给孩子的性格发展留下深深的烙印。苏联教育学家马卡连柯曾告诫父母们："你们怎样穿戴，怎样同别人谈话，怎样谈论别人，怎样欢乐或发愁，怎样对待朋友或敌人，怎样笑，怎样读报……这一切的一切对儿童都有着重要的意义。"即这一切对儿童的性格发展都有着重要的意义。常言道，孩子是父母的影子。

在我接触的很多家庭案例中，那些性格上表现出不合群或者不自信，甚至跟别人相处有问题的孩子，他们背后大部分有一对相处模式不太好的父母。他们要么是父亲常挑剔母亲，要么就是母亲总看不起父亲。家庭里最多的言论是：

“你爸爸是懒惰、不负责的人，你以后不要像他一样！”

“你爸爸爱赌博，你不可以像他一样爱赌博！”

“你爸爸不顾家，你以后千万不可以像他一样！”

“你妈妈死爱钱，你以后不要像她一样！”

“你妈妈爱唠叨，你以后不要像她一样唠叨！”

孩子面对父母这种相处模式，内心深处就会觉得父母不像最亲的人，家里的氛围也不是温暖和平和，而是处处充满攻击和苛责、要求和贬斥。

当懒惰、不负责、爱赌博、死爱钱、爱唠叨、不顾家等信息充满孩子的世界，孩子还能有其他的选择吗？

很多父母认为，家庭教育就是开发孩子的智力。也就是让孩子从两三岁开始背唐诗，四五岁学英语；上学后要请家教、上辅导班；成绩一定要名列前茅，将来一定要上名牌大学。似乎只有这样，父母的教育才算成功，孩子才算成才。

实践证明，这是对家庭教育的极大误解，是升学教育在家庭教育中产生的不良后果。家庭教育最重要的任务应该是——建筑孩子的人格成长。

试想一下，如果孩子学不会正确的与人相处的模式，他将来如何面对复杂多变的社会环境，如何学会跟不同的人相处？如果孩子学不会好好爱别人，他怎么能获得和谐的两性关系？如果他没有学会父母给他树立的教育榜样，他又怎能去惠及自己的孩子？

我接待过一个因为心理原因来咨询的孩子：

李小小，初一学生。父亲是一家银行保安，母亲是一个公司的出纳，父母经常争吵。有一个弟弟读四年级。身体较差，常生病。根据家长描述和我对孩子的观察得知，李小小自幼多病、身体虚弱，曾动过两次手术。学习成绩一般，近来记忆力下降，因父母长期争吵导致思想负担过重，失眠一月有余，有时无法按时完成作业，在课堂上也无法集中注意力。在班上人际关系一般，虽有一两个知心朋友，但“家丑不可外扬”很难向同学诉说。社交方面，虽然能够进行正常的学习、生活，但存在较大困惑，社会适应能力减退。

我把她的父母支开，单独跟孩子聊，让孩子放心说出心里的困惑。孩子说：“我妈妈不但嫌弃我爸挣钱少，还怀疑爸爸有外遇，为此经常吵架，我觉得很丢脸。他们说要离婚，我很担心、害怕。如果他们离婚，我和弟弟怎么办。他们每次吵完架后就甩门而去，好几天不归家，也不管我和弟弟，我有被抛弃的感觉。婚姻真的很恐怖，以后我不想结婚。我和弟弟也阻止过他们争吵，但被打后就再也不敢干涉他们了。我们常会因害怕而躲进厕所或离家出走。因此，吃不好饭，睡不好觉，作业不能按时完成还要被老师批评。有一次为了阻止他们争吵，我还用刀伤了自己，他们才停止争吵，把注意力集中到我的身上来，如果伤害自己能换取他们的和平，我真想结束自己的生命。”

听了这个孩子的陈述，我心里很难过。她给我的总体印象良好，内向，胆小，常用手按着肚子，弓着背，坐姿拘谨，眼神不敢与我交流。刚到咨询室时很紧张，手在颤抖，说话的语速很快，有强烈的倾诉欲望。明显她对父母争吵给自己带来的困扰十分清楚，担心与害怕持续围绕自己，伴有一定程度的失眠，记忆力减退，注意力不能集中，影响了她的社会适应能力。

对于心理有了轻微创伤的李小小，我能给予的就是关心和理解，帮助她摆脱不必要的负面情绪和思想负担，然而对于一个家庭的问题，我是无力的，作为父母不得不反思自身如何给孩子营造良好的家庭环境。

很多家庭夫妻之间的相处模式，缺少鼓励和赞美，更多的是贬低。

法国前总统戴高乐将军的成长背景中有一个环节，是成就他的关键。当他还是一个小男孩的时候，他的妈妈总是摸着他的头顶说：“你将来会和你爸爸一样强大勇敢！你的出现是让法国更伟大的！”

这句被不断重复的话，在戴高乐将军的心里留下了深刻的印象，这句话提升了他的精气神，而且给他的心里埋下了“爸爸是偶像”的种子。而我们是怎么跟孩子说话的呢：“快把作业做完！”“快把这个鸡腿吃掉！”“你看你没出息的样子，将来跟你爸一个样！”等，长此以往，我们的孩子没有梦想，没有追求，只有对父母的冷漠、对生活的厌倦、对未来的迷茫。不妨从今天开始，我们也学着戴高乐的母亲，常常摸着孩子的头顶说：“你的出现是和你爸爸一样，保护这个家的。你的出现是让我们家庭更伟大的！你的出现是让我们家族更伟大的！你的出现是让我们这个城市变得更伟大的！你的出现是让中华民族变得更伟大的！你的出现是让世界变得更伟大的！”不断地重复。不管孩子什么反应，你都不断重复，重复很多年，直到他长大。

哪怕他的爸爸的确是一事无成，哪怕孩子未来不可能成为将军、成为领袖、成为总统，但母亲的鼓励就会把一个懦夫变成金刚，而这种鼓励同时受益的是两代人、两个男人。因为父母要时刻谨记，父母的相处模式会成为孩子一生心理幸福的牵引。

爸妈恩爱，孩子性格健康开朗。

爸妈恩爱、夫妻关系和睦的家庭，能给孩子良好的家庭环境，这类孩子的性格也会更加平和、开朗、不轻易动粗。由于父母关系很好，孩子也会对婚姻产生美好的感觉和向往，能有健康的异性恋。

爸妈情感淡薄，孩子任性自私。

爸妈感情淡薄，两个人常常靠通过孩子来交流或维系家庭，就是人们常说的“以孩子为中心”的家庭，在父母关系的作用下，孩子被过多关注或干涉，性格会变得任性和自私。

强势妈，懦弱爸，男孩子胆小、懦弱。

由于爸爸软弱，大权落于母亲，母亲就会变得日益强悍甚至说一不二。孩子总会向同性父母一方形成认同，女儿会向强悍的母亲认同，久而久之就会变成强悍的女儿，儿子就会变成没有担当的懦弱、自卑的儿子。

爸妈过早离异，孩子冷漠、没安全感。

很多从不幸婚姻中解脱的夫妻，疏忽了最重要的一点，永远无法从中解脱的是孩子。他们内心的创伤往往终生难以平复，他们的担忧感、不安全感、恐惧感也许永远无法医治。生活在离异家庭中的孩子，更易发生犯罪和焦虑、抑郁、敌对、报复、冷漠等心理障碍问题。

爸妈相互指责，孩子敏感、执拗。

爸妈喜欢相互指责，这样的家庭环境会严重影响孩子的处世方式。特别是当夫妻双方有争论时，更容易对着孩子说另一方的不是。对孩子造成的影响是：以后对爸妈都不会尊重。一方攻击另一方，想借此让孩子对另一方不满，最后带给孩子的只是伤害。

爸妈打架，孩子暴力、暴躁。

吵架对成人而言是很平常、能理解的，但对孩子而言，却是像天塌下来了一样，他的安全感会受到很大冲击。与此同时，孩子也会由于耳濡目染变得喜欢暴力、脾气暴躁，像父母一样大吼大叫。

所以，作为爸爸妈妈，为了孩子，夫妻两人该如何相处太重要了。

你体现了父母怎样的家教风格

将近半个世纪前，心理学家就发现：父母的家教风格，直接决定了亲子交往的质量，是影响教育效果的神奇“开关”，对于孩子的社会交往技能的发展影响深远。无条件地爱和接受孩子，但对孩子没有要求，不加控制，或者即便提了要求，也不坚持让孩子做到，大有尽量让孩子自我管理的味道。

要培养孩子有爱心、懂得照顾别人、善于与人交往，家教风格很重要，是讲道理、培养习惯，还是为孩子做出榜样？为什么同样的方法有的人用有效，有的人用却无效？其实，一种教育方法是否有效，关键不在于它本身，而在于它在什么样的亲子关系中运用。

中国家庭的家教风格大体上分以下几种：

1. 独裁型父母

独裁型父母的表现：家长缺少爱心或耐心，管理方式粗暴，构成专制型家庭教养模式。在这种家庭中，孩子的人格、自尊、意志、权利不被尊重，家庭亲子关系是一种命令与服从的关系。这种教养方式下孩子易产生不信任感、戒备心理严重，易形成自卑、消极、暴躁、懦弱、依赖或反抗权威等人格特征。

专制型父母对子女的行为有较高的要求和标准，这些要求和标准甚至不近人情，子女没有丝毫的讨价还价的权利。但他们与子女的互动较少，缺乏热情，强调子女顺从，崇尚权威和传统，等等。这种抚养方式使青少年表现出较多的焦虑、退缩及反抗等负面情绪和行为，青少年的适应能力也较低。

2. 冲突型父母

十岁男孩离家出走了，走了一天一夜父母才发现。警察接到报警后开始调查。在调查的过程中发现孩子的卧室抽屉里有一封以孩子稚嫩笔触写的信：

> 爸妈，我走了。走了就不用看见你俩打架了，看到你们互相踢打、大喊大叫，我好害怕。你们每次打架都不管我，我是你们亲生的吗？为什么你们都不考虑我？我把自己关在屋里的时候，吓得直哭，你们还不停下。我要去寻找快乐。

这封信让警察深思了。是什么样的伤害，让一个刚上小学二年级的孩子有了如此勇气，敢于自己离家出走。

站在警察面前的夫妻俩，昨天还打架打得像两只斗红眼的公鸡，今天就变成爸爸耷拉着脑袋不出声，妈妈哭个不停。

好在孩子沿着火车道走了一天，又累又饿，被一个火车站站长发现并救助，才免去更大的伤害和不幸。

这个故事绝对不是个案，在我们成人的世界里，每一天，每一个家庭都有可能上演着这样的闹剧和丑剧。这就是典型的冲突型父母，一言不合，生活不痛快，就会互相指责、谩骂，甚至大打出手。全然不顾一个幼小的孩子眼里看到的是何等的惊恐和绝望。父母冲突和家暴打的是成人肉身，摧毁的却是孩子对成人世界的信任，带来的是对长大成人的灰暗恐惧。

对于年幼的孩子来说，他们很难理解父母吵架的真正原因。孩子们大多会认为自己是引起父母吵架的根源。特别是有时夫妻之间闹矛盾，却把孩子当出气筒，这会造成孩子心中的黑色记忆和黑色自我认知。孩子会觉得“我是个没人要的孩子，我不听话，都是我的错”。有些孩子拼命努力读书，希望父母能喜欢自己，减少争吵。他们把父母的不和归咎到自己身上，结果一生都很自卑，遇到问题时，还容易采取离家出走、自杀等极端手段。

还有一些家庭由于在照顾抚育孩子上，婆媳不和，丈母娘瞧不起女婿，等等，引发的家庭战争也屡见不鲜。大家都打着爱孩子的幌子做着伤害孩子的事情。

家庭成员间关系紧张、不和谐，家庭气氛失调，价值导向不一致，便构成了冲突型的家庭教养方式。冲突型教养方式下的孩子，也易形成缺乏安全感、意志力薄弱、残忍冷酷、撒谎的个性，大多数有激烈的反抗性，出现反社会的倾向。

3. 批判型父母

过度批判的父母最习惯的语言就是对孩子各种事情表示批判和不满。

“你怎么又做错了?”

“你是不是猪脑子?”

“你真没用，这么简单的错了多少次了，你说?!”

在你的成长过程中，你听过多少这样的批判性语言？如果父母是属于这种类型，孩子会经常听见父母这么说：

“你画的这是什么东西？像鬼画符，那么丑，一点儿都不像！真是没天分!”“不可能啦！我自己的孩子几斤几两，我怎么会不知道！他不可能考得上好学校的！随便读啦，反正……又不是读书的料!”

“你相不相信？我可以跟你打赌，她要是真的跟你在一起，绝对不会幸福的！你想拿什么来养人家？真是……还是专心工作，别想太多!”

当过度批判的语言出现在我们生命中的时候，我们长大后会逐渐感到自己是不够好的。因为我们经常被否定，所以我们相信了父母说我们很笨、很不自信、很不用功、很傻很傻。慢慢地，我们会觉得自己哪里也不好。我这么差怎么还活这么大。不敢去争取，不敢去努力。因为做到了也得不到内在的肯定与认可。

经常在小时候接受批判的孩子，长大后会比较消极、悲观、厌世，永远不会给自己积极正面的认可，自尊感和价值感很低。

如果发展成极端的心理模式，就会变成一个很自我、很骄傲、过度膨胀的人。

试想一下，一个不能认可自己的人，也不可能有更高的包容度去接纳别人，他会以同样的方式对待他的孩子、妻子以及所有人。

4. 支配型父母

支配型父母希望孩子能处处顺从自己。这种类型的父母通常有着很高的标准和期望，但是他们很少提供温暖的关怀和支持。支配型父母的很典型的话语：

“规矩就是规矩，你迟到了，你没吃晚饭就上床睡觉了。”

“我决不能容忍回嘴，马上道歉，否则我就要打你了。”

“你不需要知道原因，就按照我说的去做。”但是其实孩子们需要知道原因是什么，而父母对于自己定的规矩很少作出解释。

家长过分溺爱与严加管束结合，构成支配型家庭教养模式。在这种家庭中，在生活方面，他们对子女的照料无微不至，而在学习方面，严加管理。一方面是过度保护，包揽生活中的一切；另一方面又期望过高。这种方式容易使孩子形成怯懦胆小、意志薄弱、既娇且骄、清高孤傲等心理特征。

“支配型父母”伤害儿女却并不造福自己，是因为这类父母并没有把孩子当“人”，而是把孩子视为“物”。他们认为自己有权力去支配这个自己生养的“物”。在这种情况下，无论父母倾注的是善意还是恶意，孩子的自主性都不会得到尊重。

世界上没有两片相同的树叶，也没有两个完全相同的人，当父母将自己的意愿全部施加于儿女身上时，冲突的种子已经埋下。

一旦支配者做的任何事情没被儿女接受，他们就会觉得失望、无助，而对于年少的儿女来说，不接受父母“我是为你好”往往是常态。

所以，支配型的父母往往最后的结果就是要么支配不了孩子，要么使孩子支配不了自己。

5. 溺爱型的父母

父母盲目地溺爱和疏于管束，家长既缺少爱心、耐心，也缺乏责任感，对孩子放任自流，便构成了放任型家庭教养模式。

在这种溺爱娇惯的家庭环境中，孩子由于得不到必要指导和正常约束，会形成缺乏自信、自制力差、不负责任、情绪波动异常、待人处事具有攻击性、易受诱惑、做事权宜敷衍、缺乏理想等心理倾向。容易使孩子养成以自我为中心、骄横跋扈、疏懒散漫、贪婪无度的“霸王”心态，这种“小霸王”心态如果不能得到及时矫正，则很容易发展为反社会型人格。

溺爱型父母对孩子充满了爱与期望，但是却忘记了使子女社会化的任务，他们很少对子女提出什么要求或施加任何控制。他们只把子女视为掌上明珠，在吃、穿、玩、用上一味迁就、一味满足，他们并没有意识到这种娇生惯养性的溺爱在潜移默化中侵蚀着孩子的心理健康，使他们渐渐地养成自私、任性、霸道的坏脾气，滋长着蛮横的坏习惯，而且也渐渐造就了孩子本人的脆弱和无能的人格。

当然，一千个家庭会有一千种家教风格，我仅仅列出上面的五项，只是普遍化的五项，涉及每个家庭的实际养育过程中，绝不仅仅只有这几种。也正是不同的家教风格，才会导致在每一个不同家庭成长起来的孩子有了不同的体验。那么，留在他们身上的印记也就会各不相同。

你身上所体现出的，正是被凿刻的印记

一个人身上所体现出来的行为或信念，其实正是曾经被外界所施于而留下的。就像我们都熟悉的《小象的故事》中的小象一样：

小象出生在马戏团中，它的父母也都是马戏团中的老演员。小象很淘气，总想到处跑动。工作人员在它的腿上拴上一条细铁链，另一头系在栏杆上。小象对这根铁链很不习惯，它用力去挣，挣不脱，无奈的它只好在铁链范围内活动。过了几天，小象又试着想挣脱铁链，可是还没成功，它只好闷闷不乐地老实下来。一次又一次，小象总也挣不脱这根铁链，慢慢地，它不再去试了，它习惯了铁链，再看看父母也是一样，好像本来就应该是这个样子。小象长大了，以它的力气挣断那根小铁链简直不费吹灰之力，可是它再也想不到这样做。它认为那根链子对它来说牢不可破，这个强烈的心理暗示早已深深地扎根在它的记忆中了。一代又一代，马戏团中的大象们就被一根有形的小铁链和一根无形的大铁链拴着，活动在一个固定

的小范围中。

马戏团里的大象，被细绳捆绑。明明是那么一个庞然大物却任人摆布。父母留在一个孩子童年的身体、头脑、整个生命里的那些无奈、无助、痛苦的无形绳索有多少呢？其实，父母没有觉察到，父母认为的一些很小的事情，却被孩子的潜意识抓取到，最终成为勒在孩子身上的那条无形的绳索。

印记 1：别存在

有些父母，在孩子小的时候忙生意，没有时间看护孩子，也没有时间照顾孩子的情绪。所以在成长的过程中，孩子一点也感觉不到自己的存在对父母来说多么重要。长大后就喜欢把自己掩藏在很多人的背后，这样谁都看不到自己。

有些父母，不顾孩子的自尊，以为孩子尚小，就可以任由自己打骂，并且在不少案例中，有些父母在公共场合当着别人面体罚孩子、羞辱孩子，使孩子恨不得有个地洞可钻、赶紧消失。甚至还会在自己生气的时候，口无遮拦地说出：

“养你这样的孩子真没用!”

“真后悔生了你!”

父母也许只是一句气话，给孩子的伤害却无法漠视。用这种冷漠、不关心的态度说话会带给孩子内心很大的伤害。会让孩子感觉存在是多余的，而自己也是不重要的。

被漠视的孩子长大后心理会产生两种状态：

第一种：顺遂状态。

认为自己无足轻重，害怕成为别人的负担；容易放弃自己的生命；认为自己的存在是多余的。害怕承担更大的责任，内心非常恐惧、胆怯；不喜欢在人前表达自己的感受、想法和意见，害怕成为众人的焦点，并且很难坦然接受别人的赞美和夸奖。做错事影响别人时，心里有很深的自责，

认为一切都是自己造成的。

第二种：反动状态。

走向另一个极端，认为我是最棒的、我最有价值，处处表现得很行、很能干的样子，希望所有人看到自己的存在。

印记2：不要自己做主

有一家人，生了第一个孩子是女儿，下面几个都是男孩。在重男轻女的家庭里，父母认为女子无才便是德，应该操持家务，觉得把上学读书的机会让给弟弟们才是正确的。于是，女孩开始被迫做自己不情愿的事情，默默收起自己的情绪和委屈，听从父母的意见，开始为一个家付出。这些只因为自己是个女孩，也许有的女孩子会抗争，但终究抗争不过父母头脑里的封建残余思想。

这个案例中有我母亲的影子，正是这样的家庭环境导致了母亲日后的极度不自信，使她表现得那么缺乏安全感，要靠抱怨和对抗来解决。

于是作为孩子在一次次抗争后，慢慢地，不再愿意去做那个想成为的自己了。内心慢慢地就形成了“别做自己”的扭曲信念，却不自知。

一旦对孩子的内心造成这种影响后，他会压抑自己内在的最真实的情感和需求。孩子觉得如果把真实的自己表达出来了，别人可能就会不喜欢自己了。

长大后孩子的心理会产生两种状态：

第一种：顺遂状态。

“讨好型”：因为讨好别人、迎合别人是有好处的，可以得到别人的赞赏和夸奖。

第二种：反动状态。

“不在乎别人感受型”：只要我愿意，怎么样都行。我不需要看别人的脸色行事，我不会活在别人的感觉中，所以我满不在乎。

表面看反动状态是自信状态，其实是假自信状态。就像人的自卑，在反动状态下就会变成自大、目中无人。

一个人的真正自信，来自对自己深层的理解和接纳，可以不比较、不贬低自己，这才是真正的自信。

印记3：不配成功

某个孩子很用功地准备了考试，第二天考了一个95分回家，兴高采烈地跟爸爸说："爸爸我考了95分啊。"爸爸一皱眉头，顺手看了一眼卷子说："离100还差5分呢，真可惜。"瞬间，这句话就像一盆冰水浇到孩子的头上，从头凉到底。

某高考生考了全市的第一名，但是一点也不高兴，甚至有些自卑。觉得比自己强的人这么多，自己怎么立足啊。别人都说："你考了第一名啊。"他就会说："第一名没用啊，只是个全市第一，还没到全省、全国第一呢。"我要进了大学还有比我好的怎么办呢？慢慢地，他开始不断找论据证明自己是不行的。

如果一个孩子画了一幅作品，特别期待父母的表扬。父母惯常会怕孩子骄傲，不但没有表扬孩子，而且还提出了很多批评的意见。这个时候，不配成功的信念就开始进入孩子的生命中。而在一个孩子的头脑里，也不断重复着，你不能有成就、不能成功。

长大后孩子的心理会产生两种状态：

第一种：顺遂状态。

当我们越渴望成功和财富的时候，潜意识里越害怕成功和财富来，甚至担心、恐惧自己。

第二种：反动状态。

处在亢奋状态。表面强烈地需要成功与财富，但是透过机能检测发现，自己不敢要成功与财富。外在得不到自己想要的，往往是自己的内在信念系统出现了问题。

印记4：迎合别人

有的人会表现出可爱、温柔、有礼貌、讨人喜爱的样子，尽量做到让每个人都很高兴。是因为孩子很小的时候，父母总是让孩子在别人面前表现，就会让孩子的内心种下了一个取悦别人、迎合别人的“种子”。

我们肯定有过这样的经验，当我们在人际交往的过程中，总有一些人被我们称为“老好人”，他们貌似没有脾气，为人特别友善，也让人觉得挺善解人意。可是时间一长，你对这种人往往失去了兴趣，而他自己其实也挺纠结，总希望得到他人的认可或赞赏。在心理学上对这样的人有一个专有名词，叫作“迎合型人格障碍”。

一个健康的孩子，一定是一个内心有爱、独立、可以活出自己生命的人。不是永远活在别人的取悦中，用别人的反应来证实自己内在的感受。

一个真正爱孩子的父母，首先是一个成熟的父母。可以给孩子内在的滋养，自由地去发展孩子身上的一切。当他需要你时，你就在一边支持他、保护他；不需要你的时候，你可以做到关心而不介入、真爱而不干涉。

但是有一些内心情感匮乏、没有安全感、没有力量感的父母，例如一些离婚、单亲、丧偶家庭，会对外经常扮演受伤被人同情或是外在无比坚强，内心却千疮百孔的两种状态。这两种状态经常需要别人的认可、尊重，所以更容易让自己的孩子从小就种下了一个因：向别人展示你最好的一面，让别人认可你，你才有价值和力量。

就像前一章写的那样，不同的父母会有不同的家教风格，同理，也会在不同的孩子身上留下不同的印记。不论这些印记是良性的还是充满负能量的，都会伴随孩子的成长和成熟，直至延续在他自己的家庭和他的下一代身上。

从幼年到成年，我一直希望得到父母的认同或鼓励，无论是通过拼命学习还是不断努力想要把事情做得更好、把企业经营得更好，三十多年过去，我尽了最大努力依然没能得到父亲和母亲的半句肯定。从客观上说，我因此而受益，一路走来我懂得必须修正自己的认知，所以我不断学习心理学和教育学，我想要通过自己的努力去把父母留在我身上的印记淡化或转换掉。几十年的生活中，我一直没有自信，总希望获得别人的欢心，希望能让他人高兴，过分在意他人的评价，许多时候活得太累。

我相信不止我一个人，很多成年人或者当了父母的人，不经意间会表现出控制、取悦、力争优秀、自信或自卑，进取或退缩，过分强势或沉默对抗，等等，这些表现都是来自曾经被凿刻的印记。

你得到的是礼物还是伤害

对于父母给予的印记，成长起来的个体在我看来，没有痛苦和快乐，只有拒绝和接受，不论是好的印记还是不好的印记，如果保持着欣然接受的态度，我想，有时候明明得到的是伤害，也许从另一个层面来看，会变成我们自身最美好的礼物。

我在讲课的时候，经常跟大家分享一个真实的故事：

有一个农场，为了方便拴牛，农夫就在庄园的一棵小榆树上箍了一个大铁圈。但是慢慢地，农夫发现随着小树长大，铁圈也慢慢地长进了树的身体里，在大榆树的表皮上留下了一道很深的伤痕。

非常巧的是，有一年当地发现了一种很奇怪的病，得了这种病的榆树都会死掉，最后方圆几十里内的榆树全部都死掉了。农夫很惊讶地又发现，那棵曾经箍了铁圈、留下了一道深深伤痕的榆树却存活得很好。

这是为什么呢？

植物学家对这个现象非常感兴趣，于是组织人来进行研究。结果发现，正是那个给它带来伤害的铁圈救了它，它从锈蚀的铁圈里吸收了大量铁，所以才对真菌产生了极强的免疫力。这棵树至今仍郁郁葱葱地生长在美国密歇根州犹拉县附近那个农场里。

表面看是经历了伤害，但是那个伤害是一个内在能量的觉醒，使自己透过伤害的滋养看到一个很深的本我；透过转化历练出自己灵性生命的正能量。

没有爱就没有伤害，伤害的另一面也包围着那份爱。生命有一种可能就是因果，每一个在你生命中出现的都是你吸引的结果，都是有原因的安排，都是为了帮助你、修炼你、成就你而来的。

喜欢你的人给你了温暖和勇气，不喜欢你的人让你自省和成长。

他们都是你的“灵魂伴侣”。因为“灵魂伴侣”是给你带来课题的，也许带来冲突和对抗，这样你才有机会去修炼、去成长、去蜕变。

所以，我们要知道，孩子就是为了修炼你而来的，当你被孩子的问题搞得头昏脑涨的时候，想一想从孩子的行为中自己能得到什么样的成长和改变？

亲密的伴侣关系也是为了修炼你而来的，无论你提起这个人让你多么的头疼，去想一想，这段关系中，你做了哪些？你的问题在哪里呢？

所有生命中的一切关系都是为了修炼你而来。

我们总是期望生命中的一切都会如你所愿，一旦不如你所愿的时候，你就会烦躁、暴怒，甚至根本不接纳。其实反省我们自己的人生，你会发现，生命中没有痛苦和快乐，只有拒绝和接受。当你不去接受的时候，他永远进入不了你的内心；反之当你接受了，才会有痛苦和快乐的感觉。所以一切都是你选择的结果，和制造这件事情和这个情绪的人没有任何关系。

所以，试想人生的每一个当下，何尝不是为了修炼我们而来的呢？如果透过修炼，你能看到更深的自己、提升自己的觉察，你会心生感恩、祈祷与祝福，由此修炼出一个更圆满的生命出来。如果透过事件，看到的只是伤害和痛苦，你只会跌入更深的谷底，变成了自怨自怜的受害者和攻击者。

早期影响不会阻碍你成为好父母

如果往前推五年，我一定会对“原生家庭给孩子带来伤害”这一观点抱持绝对的认同，而现在的我做了多年亲子教育，对这一问题开始有了一

分为二的看法。我相信，原生家庭父母的教育方式和相处模式的确会给一个人留下终生难以磨灭的印记，但这种印记不会阻碍我们成为好父母。就如同上一节我强调的，有时候看似伤害却能成为我们提高自我修为的路径，我们会对照原生父母行为上的不足来弥补或修正我们的行为。

比如，我们的父母不会教育孩子，但我们可以试着去学习、去改变原有的认知；比如，我们父母的相处模式不对，我们可以有则改之，去修正我们跟别人的相处模式；再比如，我们亲身实践了父母在我们身上留下的种种不合理或不科学的教育瑕疵，我们努力去改变这种状况，努力展示美好的一面去面对我们的孩子，不再重复给他们伤害。

第一次接触原生家庭伤害问题是看到一篇文章，一个女孩子回忆起母亲从小对她的数落，即使有傲人的成绩也会在外人面前谦虚地说自己孩子就是个傻瓜，得再多奖也没用，被子都不会叠，等等。那时候她还不到十岁，但已经开始记事，这一句句尖酸刻薄的话，像刀一样刻在心里。她不知道母亲是不是真的不喜欢她，却因此而开始自卑。这种自卑持续到结婚，母亲还是不断地用自己的认知和判断来数落她的生活，搞得她崩溃到几乎要自杀。只是幸好，她还有一个他与她一起并肩而战，搂过她的肩膀，承担她的伤和痛。直到后来，她自己当了妈妈，在面对孩子不断出现淘气和顽皮，不能按自己的意愿行事的时候，她无意识也说出了小时候妈妈曾向自己说过的那种尖酸刻薄的话，她这才发现自己的身上已经留下了父母给凿刻下的印记。但她很快意识到这样不对，于是她大量阅读亲子教育方面的书籍，在平时遇到孩子的问题时，能尽力克制自己不去重复母亲曾经的错误。

结果她发现，原来自己是可以做到平心静气面对孩子的，曾经一直以为母亲带给自己的伤痛会过不去，结果在自己孩子身上试验的时候却得到了纠正。这一发现让这个年轻的妈妈欣喜不已，她不再陷入原先的思维模式里出不来，而是用积极的态度达到了自我疗愈。

看到这个故事我很欣慰，我收到过很多类似的咨询邮件，无一例外地写小时候发生了什么，然后就变成了什么样的性格和态度，直到现在还承受着内心的煎熬。

有一次跟一个女性朋友聊天，她遇到困难和矛盾就特别容易蜷缩在小角落里不肯出来解决，只希望时间过去，一切都能恢复如初。为此，她离了婚。因为婚姻里发生的所有问题，她都用这样的办法去解决。可不解决问题和矛盾不代表它们会消失，只会越来越多，当问题和矛盾积攒起来终于爆发的时候，她离婚了。我跟她一起往青少年、童年、幼年的时候追溯，发现她的父亲是国家干部，母亲是一个农民，父母在一起是包办婚姻，虽然相互扶持，但在精神上很多事情是无法沟通的。因此，父亲会把上班时候遇到的各种人际与仕途烦恼与还在上小学的她分享，算是一种倾诉。但对于一个还在上小学的孩子来讲，这一切远超她的理解和接受能力。对于一个孩子来讲，她只能看到父亲仿佛受了委屈，但自己无力帮忙，感受到来自自己内心的无力与自责。面对无法承受的事，她便下意识地选择逃避，不说话，不解决。当她突然醒悟到这一切的根源来自小时候，便豁然开朗。

在我看来，一个把自己受过的伤害封闭起来的人，其实更不容易走出来，更不容易达到自我疗愈。在我的课上，每次我都会利用课上的最后半小时给学员进行现场心理催眠，当舒缓的音乐环绕在大厅，关了灯的幽闭黑暗环境里，每个人都能在咨询师的引导下找到小时候那个受过伤的“小我”。在梳理自己与父母或亲人之间的故事后，渐渐达到放松和走出来。很多时候，学员情绪会得以宣泄，渐渐不再耿耿于怀于小时候的那些情结，反而更容易看清自己与早期影响之间的关系。这有利于日后的认知模式重建。

如果对父母有任何不满，往后的人生就会一直带着这份不满；如果跟父母的关系良好，就会把相同的赞赏与感谢带入往后的每一段关系里，因为生命中大部分的人际关系都是孩提时代与父母关系的复制。

比方说，你憎恨父亲权威、武断、强硬的品质，那么会有两种状况：

一是，当你长大成人后你会渐渐吸引那些权威的、武断的、强硬的人来到你的身边，继续控制你的生活。

二是，你会成为你所讨厌的父亲的样子，或是会显化你所憎恨的父亲的样子。

所以我们虽然内心很抵触，可是我们或我们身边的人会帮助我们发现：我们成了和父母一样的人或者成了我们所讨厌的人的样子。

有的时候转过头看，我们总觉得小时候发生的一些事情原本可以更好地解决或处理，总觉得“原生家庭”都或多或少地影响了我们的现在。所以我们对父母可能总有些怨气，总隐含着一些“受害者”心理。可是啊，你都成年了，以前受过的那些“伤害”，现在已经完全有能力与父母达成和解甚至扭转局面。

很多人，一辈子都没有真正独立于父母，始终处于受害者心态，被“内在父母”控制。

即使成年了，建立起良好的社会关系，也没有意识到自己需要与父母从精神上独立，完全承担自己生命的责任。

当他们遇到挫折，会像我过去一样将一切的不好归咎于原生家庭：

性格内向敏感不善交流，是因为从小父母感情不和、总是吵架。

事情没做好就会无比紧张、自我批判，是因为小时候父母要求太高。

还有人一边讨厌父母为自己的人生作决定，一边在事业、家庭选择上对父母言听计从，“都是他们让我做的，没有办法啊。”

过去几年我在接触心理咨询，学习情绪管理、亲密关系、沟通交流的过程中意识到原生家庭的影响并非不可改变。作为成年人，我可以选择继续“受害”，也可以选择扭转局面。而且我真的做到了，效果之好远远超出我的预期。我不希望一直活在过去的痛苦里，不希望自己始终以受害者角色抱怨父母，不希望家庭分裂，不希望越长大越不被父母理解。

我们承认在原生家庭里受到影响，可能有过不完满的过去，但这并不影响我们成为一个好父母。关键是我们要学会成长。

首先，需要做到的是发现，发现原生家庭给自己留下的到底是哪方面的影响。

怎么做到呢，你需要培养自我觉察的能力，心理学上对自身心理状态的觉察能力的发展分为这三个过程：“不知不觉—后知后觉—当下觉知”。

也就是说，一开始的时候你可能觉察不到自己的心理状态，更不会知道自己为什么会这样。到了第二个阶段，某个事情发生了之后，你会突然发现，“哎呀，我刚刚情绪是不是过激了?!”如果有意识去觉察自己的状态，你慢慢就会培养出一种当下觉知的能力，在情绪出现的当下就能够知道自己的状态。

其次，尝试和父母和解。

无论如何，父母总是爱孩子的，尽管他们不知道该如何爱，又或者他们还年轻的时候爱的方式错了。那么，当你发现了自己痛苦的源头，就心平气和地去跟父母谈谈吧，告诉父母你的痛苦，问问他们是否也有不快乐，跟他们一起分析这一切的原因，或许你就豁然开朗了。

最后，试着做自己的父母。

我们把父母的角色印刻在自己的脑海中，变成一个束缚自己的“内在父母”的角色。很多时候，束缚我们的或许不是真实的父母，而是内化在我们心中的父母。如果我们不跟内在的父母和解，就很难真正爱自己。

那么，这个时候我们需要做的就是跟自己内心的父母对话了，把过去期待父母对我说的话，变成内在的父母说给自己听，停止伤害自己，学习如何爱自己，为自己内在的情绪、期待、渴望负责任。在严苛或受虐待的处境下成长的孩子，很可能激发出大量的内在资源。

总而言之，原生家庭确确实实对个体的人生有非常重要的影响，这意味着孩子的成长值得被重视，他需要的不仅仅是“衣食父母”，还有“心灵父母”。但是，决定我们人生的亦不仅仅是原生家庭，人生是你的，你得自己负起责任。最后想说的是，无论你是否曾受到原生家庭的伤害，当你长大成人，当你足够强大，当你可以给自己“疗伤”，你就真的不会那么在意“原生家庭”了。

教养孩子的智慧在于洞察和觉醒

教育是一种觉醒。在完成自身生命圆满之途上，孩子及其教育是一座桥。踩着这座桥，你回到了你自己。孩子是你的投射之物，教育是你的投射手段。在实现孩子的圆满之中，你必圆满你自己。同样的道理，你在圆满自身的过程中，你的孩子也必圆满。借着教育孩子的机会，在你自己身上下功夫吧，以此来实现自身的圆满。教育是一种觉醒的途径，向外劝导你的孩子，向内劝导你自己。

无论我们曾经作为孩子的时候受到过多少伤害，宽恕和疗愈是回归真我的道路。真正的疗愈不仅仅包括情绪创伤的疗愈，更包括信念系统的转化，转化小我的幻觉——内疚和恐惧。内疚包括了："我不够好""我是匮乏的，我不够圆满""我是被遗弃的、被剥削的""我是不值得被爱的"这些核心信念；恐惧包括了"害怕被遗弃"和"害怕被吞没"两种基本形态，让我们不敢走近和面对爱、走进亲密关系，没有足够的安全感去探索世界，伸展生命的本来活力。

人在不断寻求安全感和价值感，这是人所有行为背后的动力和深层心理需求。这就是小我的心灵程序、虚幻世界的根本推动力：内心坑洞——匮乏感，潜意识信念——内疚和恐惧，补洞机制——追求外在的安全感与成就感。

经过不断的疗愈和成长，我们会越来越多地活出神性的心灵程序、真实世界的根本动力：爱，圆满，内在平安与力量，心灵的力量开始自由生长，创造与推恩。心理大师海灵格强调的"臣服"，佛法谓"放下"，都在告诉我们从人、事、物的各种牵缠中解脱，从自己的无用能量（恐惧、内疚、隔阂感）中解脱，为自己生命负起全责，拿到我们生命中本有的内在力量，活出本属于我们的幸福平安，自然绽放我们本自俱足的爱与光明，给出我们天赋的礼物惠及他人。

觉察就是洞察和觉醒，平常人的觉察能力都处于比较低的水平，或者说觉悟觉醒的力量很微弱，都以眼见为实在，追逐物相上的东西，迷失了本心，所以就有了这个世界的千差万别，林林总总的物质上和心理上的区别。有了各种各样的肉体上的病症和情绪上的痛苦。

另外一些觉察力差的人，比较执着于自己的观点和认识，也就是常说的只认自己那边的死理。这种人就需要专业人员用一些技巧去沟通，去进行引导觉察，只有真正放下自己认识上的执着，才能改变自己。

有一个女人怀疑自己的男人有外遇。于是男人回家的时候，她就开始翻衣服找证据，终于发现了一根长头发。她就开始痛哭流涕，大骂男人："你喜欢长头发的女人。"

第二次回家的时候，她又从衣服里面发现了一根短头发。于是她又开始大哭，骂男人："你又开始喜欢短头发的女人。"

第三次回家的时候，她从男人衣服里面什么也没有翻到。这时候她彻底发飙了："原来你现在喜欢秃头的女人啦。"

从故事中我们不难看到，任何事情只要陷入我执的痛苦中就无法解脱。觉察的智慧：跳出自我限制，以第三方的视角看待经历的每一件事情、每一个起心动念。

觉察的智慧包括洞察和觉醒。

洞察是类似于释迦牟尼的觉悟，可以跳出来看到发生的一切事情的真相。

如同孩子小时候想和我们玩一个很幼稚的游戏，你是否会很沉浸地享受其中、乐此不疲并融入孩子的内心呢？这其实就是一种觉醒。

当孩子生气、发火，开始扔东西的时候，你是否可以闭上嘴，不说教、不抱怨、不指责，只是抱着孩子，感受到孩子内在的愤怒，和他的那个愤怒在一起，而不是和你满脑子的说教在一起。这也是一种觉醒。

当身边这个女人开始喋喋不休大发牢骚，发泄不满的时候，你是否可以触摸到抱怨背后的真实原因，其实就是渴望你的关注和爱。而不是满脑子对女人的不满，并采取不说话、逃避、争执、暴力等方式，这实际上就是男人内在的觉醒。

当身边这个男人没事找事，到处发火，四处点火的时候，你是否感受到他内在的无奈和需要女人的母性包容，以及男人内在所需要的女人的崇拜和尊重，而不是采取斥责、贬低、嘲笑、挖苦、冷漠等方式，这实际上就是女人内在的觉醒。

每一位有觉察的父母，都会在每个念头里，注入洞察和觉醒，并且只会关注自己和孩子关系的本身，不会从外在去寻求答案。

每一位有觉察的父母，不会只去寻求一切固定的答案，去关注解决问题的本身，而是能够看到孩子身上所有挑战性的行为都是一面镜子，映照出了自己的问题。

每一位有觉察的父母，会随时随地观照自己的念头和自己内在的价值观。因为孩子会随时随地地受到沾染和影响。

每一位有觉察的父母，能够在情绪来临的时候，可以觉察到这个情绪念头是由什么引起，真是孩子引起的吗？或是工作中的情绪、夫妻矛盾的情绪以及其他的情绪引起，只是到了孩子这个地方，孩子的一个行为点燃了你之前累积的火山般的情绪能量。

每一位有觉察的父母，不会常常忽略孩子的请求，错失塑造自己的好机会，也丧失了成为孩子精神伙伴的机会。

每一位有觉察的父母，不是着急改变孩子的行为，而是关注孩子行为中内在的心理动机、内在需求，并可以敏锐地观察自己的行为，同时观察到自己精神世界是如何影响孩子，随时随地地静心，保持对任何事情的清醒。

一旦每一位父母在教养方式上，都开始保持觉察，拥有洞察和觉醒，孩子内在的精神力量就会非常充沛，未来也会健康向上。同时，保持觉察的父母身体也会更健康、更整合。因为每一个失衡的教育中，我们都可以看到失衡的孩子、失衡的父母，身心俱伤。

第五章

从此，不再复制父母的婚姻

从此，不再复制父母的婚姻

为什么明明相爱的彼此，结了婚却雷区不断

我接触了很多家庭，他们大多数是因为亲子关系出现了问题来上课或咨询的，但究其深因，大部分是夫妻关系出现了问题。

常常听已婚者挂在嘴边的，“婚姻是爱情的坟墓”“婚姻不只是两个人的事，更是两个家庭甚至两个家族的事”……这往往是在婚姻中体会到的。但在我看来，婚姻其实是一种人我关系，是自己与另一半、另一个家庭互动的关系。

在我看来，我们在寻找伴侣的时候，常常抱有“拿着旧剧本，希望对方能够有创意的自由发挥，却不准对方更改剧本太多”的矛盾心情。这种感觉就像旧瓶装新酒一般，我们爱旧酒的原汁原味，却又渴望能从旧瓶中喝到新酒的新鲜感，如此才会导致很多矛盾的产生。

有一个女士在我的课上做完心理疗愈后，道出了她的故事。她说，她和先生之前特别相爱，但是自从结了婚，争吵不断，矛盾不断。自从跟婆婆住在一起，就形成了不可调和的矛盾。

我们还原一下她的故事场景：

“你妈妈的洁癖太严重了，而且还特别爱唠叨，只要有一点点事儿没对她的心意，家里有一点点脏乱，她就唠叨个不停，我实在忍受不了了。”

先生听到她抱怨婆婆，开始还能忍，但时间一长，就回应了，

“你就不能多体谅我妈一些吗？她一个人把我带大，很辛苦。”

“我知道她很辛苦，我也知道你很孝顺。但是，这是我们的婚姻，你为什么总是牺牲我呢？”

原来，这位女士的丈夫在家排行老大，他的爸爸过世很早，从那一刻起，他就开始学会照顾弟弟和妈妈，甚至当他在学校表现得不好，成绩没考好，都会下意识想着“都是我，又让我妈妈伤心”。

在爸爸过世后，妈妈变得很爱收拾家，容不得家里有一点点不干净。妈妈总是很坚强（或强势）地告诉他们，即使爸爸不在，她也会好好照顾他们，什么都不要担心，但他却常常看到妈妈背着他们掉眼泪。那时，他就在心里告诉自己，只要他长大，就不会再让妈妈掉泪。妈妈辛苦拉扯他长大是事实，他没说错，但他也爱着太太，这该怎么办呢？

在一个家庭里，不论是离异还是父亲去世导致的变故，往往由母亲独身承担起家庭生活和管教孩子的责任。而在这样的家庭结构里，尤其是男孩子，很容易就会取代父亲的角色，上面我提到的案例中的先生就是，他将自己失去父亲的难受摆在一边，独自承担起母亲的伤心。对他来说，在心理位阶上，他已经跟母亲“结了婚”，但他本人并没有意识到这一点。他不准自己像个孩子，不准自己有怨言，不准自己难受，当然更不准任何人埋怨自己的母亲。

在此同时，他也希望太太也能如他一样，任妈妈予取予求，因为他当年就是这样让自己快速成长的。照顾妈妈没错，体谅妈妈也不错，关键他忽略了自己还有“丈夫”的身份，他对太太也是有责任的。

我今天意识到这些，是因为我也曾经在前妻与母亲之间扮演过案例中“先生”的角色。

我的母亲一辈子很苦，当我成了家以后，她依然没能有一套像样的房子来圆她多年想要有一个自己独立的新住房的梦想。在孩子刚出生不久，我那时有公司，有经济能力，于是，背着前妻想替母亲完成她的心愿，给她在老家新建一处住房。我奔波在给母亲建房和去公司的路上，本就疲累，加上新家又添了宝宝，妻子很辛苦很累也有很多牢骚和不满，而我疲于应付又懒得解释。听妻子抱怨太多，不免会像案例中的先生一样，让她也和我一样去体谅我的母亲。最终导致我们互相不理解，不能站在彼此的立场上看问题，婚姻亮起了红灯。

明明非常相爱的两个人，却总会互相伤害，从而让爱变得伤痕累累。因为深爱着对方，才会变得分外敏感。或许一个动作、一个眼神不对自己的心思，就会在心海掀起风浪，就会觉得对方没有把自己放在心上，就会忍不住发火。而对方呢，还没弄明白是怎么回事呢，就被无端抢白一顿，自然心里也会不痛快。觉得自己并没做错什么，还口口声声说怎么怎么爱自己呢，没有什么理由就对自己乱发脾气，全没有一点柔情蜜意，爱哪里去了？因为深爱对方而想要对方娇宠自己，因为想要对方娇宠自己而对对方苛求，因为苛求而伤害对方，因为伤害对方而最终伤害了自己。爱太深，容易看见伤痕，而这伤因为彼此深爱，而疼在双方的心中，爱了，也就会伤了，也就会痛了。相爱让人有了更多的机会伤害对方，因为双方心的大门是对彼此敞开的，因为没有任何提防，因为把最柔软的地方暴露给了对方。相爱与伤害永远都是一对孪生兄弟，因为爱而伤害，因为爱而受伤。

所以，我们有时候心里清楚地认识到跟一个人很相爱，但结了婚掺杂上彼此的家庭就会出现很多隐形的“雷区”，一不小心就会触碰。在我们小的时候，家庭的某些变故或生活状态，常常会带给我们决定人生的一些信念，或者我们会认为人生就是如何如何，我们应该要如何如何等。这些信念明显会影响我们的生活与生命，但我们忘记了，信念其实是需要随时空调整的。

因为当信念一僵化，我们往往会以为自己没得选择，所以请好好静下心来思考，你会发现，虽然有时原生家庭的包袱很沉重，也让我们在其中受伤、痛苦或感到孤单与绝望，但现在已经长大的我们，是有能力回头省视，而且拥抱住童年伤痛的自己。时刻告诉自己：你有能力，也有力量给自己爱，并走出新的路，即使不爱也要放爱以生路。

为什么婚姻没有安全感

婚姻中相处不来，婚姻经营不顺畅的夫妻谈起跟配偶之间的恩恩怨怨应该各式各样：女的说男的窝囊挣不了钱；男的说女的，太能抱怨，太虚荣；婆婆说媳妇不勤快不节俭；媳妇说婆婆太爱管闲事太固执；等等。在我看来，所有的理由都能归结到一个点上：婚姻中缺乏足够的安全感。

某网站进行过一次“国民生存安全感”调查，婚姻安全感，居然排在网民生存安全感缺失的第三大原因里面，七成受访网民表示对目前或将来的婚姻幸福没把握。

“安全感”，简而言之，就是人们在社会生活中保有的一种稳定的、安全的感觉。在马斯洛的需求层次理论里，安全需求处在生理需求之后，位于社交需求、尊重需求和自我实现需求之前。通俗一点说，人能够吃饱穿暖并有居住的窝之后，便有了安全的需求，包括人身安全、生活稳定以及免遭痛苦、威胁或疾病等。如果连安全感都没有，社交需求、尊重需求和自我实现的需求就更遥远了。

安全感是个很泛泛的概念，总的来讲人们的不安全感无非来自两个方面——过去和未来。曾经的生活经历会在人的心灵上打下烙印。小时候父母教养方式不当特别是离开父母独自生活的孩子，一般成年后会缺乏安全感；被恋人伤害过的年轻人，对开始一次新的感情也是心怀畏惧。过去的心灵创伤因人而异，对未来的焦虑不安则具有更多的普遍性。感到婚姻不安全，一般是因为害怕未来会因自己的需要得不到满足而离婚。

婚姻安全感缺乏的负面影响是：当不安全感来袭，个人的心理会产生一系列微妙的变化，如相伴产生惊慌、困惑、失落、紧张、压抑、郁闷等负面心理，甚至会影响到身体的健康。持续低迷或反复的心理折磨最终会影响到家庭的和睦融洽。

夫妻之间，揣摸对方的心思是经常的事，如果相互信任，这是爱人之间善解人意的一种心灵默契，常常会心心相印。相反，如果双方或一方心有疑虑，猜心思就是不放心、不信任了。夫妻在一起生活，而没有安全感，心总悬着，日子会过得很累。

我们常常听到这样的话：幸福的家庭有同样的幸福理由，不幸的家庭各有各的不幸。而一位社会学家却说：幸福的婚姻（家庭）有不同的幸福，不幸的婚姻（家庭），其不幸是一样的。从婚姻关系的角度，我更赞同后者。因为据调查显示，有90%的人在婚后一年里体验到不同程度的失望！他们都觉得婚姻与他们所期望的不同，问题婚姻的表现千奇百怪，但其缘由很可能是一样的。在我接受的情感婚姻咨询的案例中，也能感受到这一点。

许多不幸的婚姻里，存在着“婚姻很难，没有婚姻更难”的两难选择。而这种婚姻，可能是“太好的男人，把女人逼疯狂”，也可能是“太好的女人，把男人逼走”。

我们看一个在我们全球第20届“家庭影响智慧”父母学堂上一对夫妻分享的案例：

蔡先生和丁女士结婚三年了，蔡先生是一位很典型的中国传统意义上的好男人：忠厚老实、宽容大度、有责任感、乐于助人。在外人眼里，很难相信他是一个不善待妻子、可以激怒妻子的人。丁女士也是一个传统意义上的好女人：质朴、忠贞、吃苦耐劳、持家理财。婚姻裂变的过程，妻子从一个温柔善良的女子变成了一个十足的怨妇。她常常撕心裂肺地朝着丈夫怒吼：“你为什么这样对我？是你毁了我、毁了这个婚姻！我要你付出代价！”她不明白，自己为什么要爱一个她恨透了的男人。而蔡先生面对如此歇斯底里的太太，只好选择沉默，在他心里认为不争吵比争吵更好，时间一久，蔡先生也从心底厌倦了婚姻，恨不得连夜逃走。

案例中的蔡先生因为他身上有很多好秉性，赢得了好人缘，而他婚姻的失败，似乎也因为他的好秉性。他作为一个忍辱负重、宽厚待人、富有牺牲精神的人，在人际交往中是比较受欢迎的。但我通过深入了解，发现他内心深处有着受虐癖人格倾向。这种人，一般在他早年有过被虐待或被冷落的情感体验，他是在父母婚姻的施虐与受虐关系之中长大的。在心理成长过程中，他学会了隐忍，学会了委屈自己，学会了牺牲自己来讨好别人。因为这样，他就可以避免被父母（或别人）歧视或抛弃的恐惧。同时，他也会体验到以委屈自己而赢得别人认可的快感。所以他这样的人，看似具有良好的个性，但情感是压抑的。正是这份压抑造成他面对妻子的抱怨没有去做任何解释和沟通，而是用沉默来对抗。

而丁女士也是在她父母不幸的婚姻家庭中长大的，从小缺乏安全感。她之所以嫁给蔡先生，是她当初就坚信：丈夫这样的老实人绝不会让自己受委屈，他一定会给自己一个完美的婚姻。婚后，她时刻想知道丈夫的内心世界，她觉得夫妻之间不应该有任何隐瞒，要分享心理活动，她才安心。而丈夫却是不善言辞，常常是她想吵架，他连回应都懒得去做。

这两种人走在一起，婚姻会有问题也就不难理解。

由于夫妻两人是来自不同家庭和成长背景的个体，重新组建一个新的家庭后，旧有的行为模式和以前与家人的互动模式依然会延续到新的家庭中，这样难免夫妻双方会有所分歧，冲突也就避免不了。所以夫妻双方在生活当中的磨合也是非常重要的。但是夫妻间有的问题却不是那么简单就可以通过磨合来处理的。

那么，如何在婚姻中保有安全感呢？

首先，先和自己“结婚”，了解自己需求的合理性。每个人心中都有一个或多个“心结”或“漏洞”。只要有心结，血流一到这儿，就可能受阻；只要有漏洞，一碰到、戳到这个漏洞，我们的心就可能过于敏感甚至疼痛不安。心外没有世界，心外没有人——你的所见皆是自己的投射：它们都是你的镜像。自己的喜怒哀乐都是自己性格的折射。高兴，是因为周围的人和事满足了你的需要，但这需要也许是过度的；不悦，则是“不遂己愿”，但这“己愿”或许不是眼前的人和事给你带来的（它最多只是一个导火索），而是自己的过去的缺憾所致，是你自己的过度防御的表现。比如，自己的长辈或亲朋好友中有过婚姻变故的人，婚姻安全感可能要小些。只是你对自己潜意识中许多东西不太了解而已。比如我自己，经历了很多事也看开了许多事，但是偶尔心情不好时，依然会有心中的“魔鬼”溜出来捣乱。这时，会把一些人和事夸大性地甚至无中生有地往坏处想。此时的方法是：停止思维。冷静下来，寻找机会与相关人沟通。

所以，要结婚，就先和自己结婚吧，因为你最终爱的是“他”——那另外的你——你自己。一个人如果实现了自己内在的婚姻，和自己结婚了，那么，无论他再和谁结婚，他的婚姻肯定是稳定而不可破的。和自己结婚的人形成一个稳定的圆，而他所遇到的某人只是那个圆上的一点。因为已和自己稳定地结婚，那圆上的点再也滑不出它的轨道。外在的婚姻只是这内在婚姻的完美“副产品”。外在世界是内在世界的显化，你是你世界的因，如果你好，世界——你的果不可能不好。

记住，路上没有一个人是完美的，包括我们自己！人活着的重点是，了解自己——爱自己，先和自己结婚，了解自己的内心，知道自己的长与短，调整好自己的需求，培养自己的感恩心和知足感，去除自己的不良念头或过分需求，理解和容忍自己一时难以纠正的短处。如此，所有的问题都将解决。或许尝试着先从改变自己开始，试一试，看看会不会有好的转变。比如，他当初吸引你的是他的“稳重”，这说明你内心对不稳重的男人有所反感，从而把他婚后的“喜欢出去玩，很晚都不回家”也当作“不安全”的隐患。这是不是你自己从小缺少关爱或受到过分溺爱等原因导致的缺少安全感的表现呢？

其次，信任自己的对象，停止抱怨。人的基本信任感是生命大厦的基石，影响着我们的一生对亲密关系的感受和质量。基本信任的严重缺失会导致心理发育上的缺陷，从而导致病态人格，比如常见的有边缘型人格障碍、依赖型人格障碍、自恋型人格障碍等。

缺乏基本信任的一种表现是，这个人与他人没有边界感，把所有的注意力都放在关注别人对自己的态度上，在人际关系或亲密关系中对自己是一个“受害者”的身份过度认同。

现在婚姻危机很多，其中很大部分原因是一个人基本信任的匮乏和缺失，而这种基本信任的缺失却经常会投射到伴侣身上。比如一个内心缺乏安全感的女性，即使找到一个对她很忠诚的伴侣，她也总认为伴侣不能给她真正的安全，总会疑神疑鬼，无中生有，最终导致婚姻的真正危机。但是她自己却可能不知道这种非理性的不安全感不是来自伴侣，而是来自她自己的内心。如果总是要求伴侣改变，或者要求伴侣给予自己无限的保证，怎么可能真正解决问题？在婚姻关系中，只有感到当对方与自己融为一体时才会感到完全满足、完全的爱，否则，就是危险，就是恐惧，就是被抛弃的信号，就会感到强烈的不安而拼命想去抑制这种“危险”的发生。

还有一种缺乏基本信任的表现是完全相反的，就是与他人的边界感过于强烈、过于僵硬，与他人的关系看起来外表很开放，实际上内心防御感很强，不会轻易相信别人。内心深处很孤僻，不喜欢与人亲近，即使是自己的伴侣，在心理上也保持着一个厚厚的边界，不容许对方走进自己的内心，一旦超过自己内心的这个边界，便会感到强烈不安。

你对婚姻中那人的抱怨，是你对自己抱怨的反映——你不爱你投射在镜中的你，这是你抱怨他的起源。抱怨是婚姻“腐烂”的开始，你去抱怨你婚姻中的那个人，就好像你拿着一根针去不停地扎你手里的小纸人一样，迟早因为这戳、这扎，你手里的小纸人——你的婚姻会破掉。

其实，在社会竞争愈演愈烈的今天，最先失去安全感的，往往不是女人，而是肩负养家重任的男人们。男人和女人刚好相反，最开始他们毫无安全意识，全然是莽撞无知的少年，但是当他们慢慢长大，就会意识到——对于男人来说，“安全”成本要比女人高得多。他必须养家，让自己所爱的女人过上稳定幸福的生活，如果做不到，他很可能就会作为一个“失败者”被生活打入底层。很多缺少安全感的男人非常优秀，那是因为他们比普通人更害怕失去。

所以，当你又下意识地想抱怨时，不妨先设身处地地从正面为他想一想，比如，他出去玩的时候，“如果我要去，他就很不高兴”，你是否和他沟通和探讨过原因和合适的相处方式呢？

最后，少想多做，放弃改变对方的企图。如果过去的挫折经历让你不安，那就试着换一个角度去回顾它。以前遇到的失败应该成为你走向成熟与自信的阶梯，而不应该成为畏首畏尾的借口。如果你对未来恐惧不安，那么最好的办法就是少想，想得太多难免焦虑。与其对未来患得患失，还不如低下头来把眼前的事情做好。可以把人生当成走路，不要只想着远方的目的地，而要多抽时间，和他/她一起，多享受一下家庭生活的乐趣，多看看路边的风景。

你与另一半的相处模式是父母的翻版

人一生一般有两个家庭：一个是自己出生、成长的原生家庭，另一个是进入婚姻生活后所建立的家庭，也就是自己“当家”的家。

原生家庭的文化氛围是平等还是控制、完美主义还是顺其自然、公平交流还是指责谩骂、畅所欲言还是不准表达，都影响着每一个家庭成员的人格成长、人际关系、管理情绪的能力。

在我们接待的咨询案例中，有些别人看起来挺般配的情侣或夫妻却矛盾重重，因为他们在不知不觉中复制了自己原生家庭的婚姻的模式。比如，夫妻俩都是家中老大，小时候就开始替弟弟妹妹做主，当他们两人组合在一起的时候，谁都自认老大，自己说了算，道理也在自己一方，这样就难免磕磕碰碰。再如，一个来自暴力家庭的男子，从小目睹了父亲与母亲经常争吵，拳脚相向。他婚后与妻子闹矛盾时，也会用拳头解决问题，不懂得寻求其他更好的方式。这就是原生家庭的遗传，他们的行为可以称为婚姻中的“强迫性重复”。

原生家庭对一个人的影响是潜移默化的，在原生家庭形成的“原生情结”，会在成长后在夫妻相处中不受意识控制地重复出现。从而使很多夫妻在一定程度上“内化”了父母的行为方式，以致婚姻中关系中夫妻双方的行为、认知、情绪等也起了连锁反应，并且在日常生活中毫无防备、意想不到的时刻，以超凡的强度，被我们生命中最亲近的人（通常是配偶）引爆。

很多心理学家认为，在婚姻中，表面上我们是在与自己的配偶相处，其实是不断重新经历自己过去与父母的关系。婚姻关系，可以说是我们在成长过程中，与父母互动模式的重现。

不同的原生家庭，在家庭文化、关系模式、家庭规则方面自然不同，两个来自完全不同的原生家庭的人，带着各自家庭的影子组成新的家庭，如果没有意识到这种差异，也处理不好这种差异的话，上演的不是两败俱伤就是心力交瘁的生活剧。

现实生活中，大多数人就在不知不觉间复制着前辈的思维方式和行为模式，代代相袭，进入无法挣脱的死循环：这就需要我们要从潜意识主宰状态转成意识主宰状态，了解过去带来的影响，并学会如何从“原生情结”中剥离出来。

夫妻双方可以借着“原生情结”被引发的机会，做一次哪怕是痛苦的心灵洄游，了解自己在成长历程中曾发生的事，学习用现在的、较为成熟的、更客观的立场检视探寻自己和对方性格形成的源头，走出父母婚姻的阴影，帮助彼此成长，在成长中重建美好、和谐的婚姻关系。

婚姻中的许多问题，常常是从原生家庭衍生而来。受父母相处模式的影响而产生的心理创伤，经常会在与爱人的相处中浮现出来。每个人都希望拥有一个甜蜜温馨的家，不把成长中的负面情绪带到新的家庭。因此，如何让家庭形成一个民主温馨的家庭氛围，是人生重要的课题。这不仅有利于夫妻双方情感的升华与积淀，还有利于为下一代树立好的榜样，使他们在人生的道路上，更好地抒发爱的主题。

在争吵中有所发现：日常生活中，当夫妻双方经常在同一问题上产生争执的时候，就需要留意，为什么他/她的做法让我产生如此强烈的情绪反应？这时候，两人可以坐下来，深入地探寻问题的源头。正在发脾气的对象，是眼前的丈夫，还是过去生活里父亲或是母亲的替罪羊？婚姻关系也是彼此成长的过程，只有通过沟通才能建立新的和谐的婚姻关系。

找出新的应对模式：对丈夫多表示一些欣赏，如果丈夫想成为决策者，就送他点权力；如果妻子不喜欢受管制，就给她适当的自由空间……

我们每一个人从小生活的家庭，不仅塑造了我们的形象、性格，还给了我们不同的生活模式。然而夫妻之间，可以灵活一点。只要给彼此磨合的时间，寻找良性的情感互动，满足彼此的心理需求，还可能一不小心创造出一份崭新的浪漫婚姻模式。

建立良好的婚姻品位：现代人无论什么都讲究品位，其实婚姻也需要有良好的品位。首先是尊重与信任，尊重每个人的尊严和生活方式，不刻意地树立强势权威。其次是宽容，家是情多理少的地方，不要为“牙膏从上面挤还是从下面挤”这样的小事而争执，因为小事经过日积月累会渐渐磨蚀对幸福的感受。最后是欣赏对方，表达自己。欣赏意味着接纳，那种拿配偶跟别人比较的话不说为妙。

做孩子合格的抚养者：世界上没有十全十美的父母，也不存在完美无缺的孩子。对孩子或溺爱或放任不管，或简单粗暴，都会影响到孩子的心灵成长。如果原生家庭已经给你带来了伤痛，那就请你尽可能地、不断地完善自我，为未来的孩子们创造一个健康、快乐的原生家庭吧。

错误的亲密关系，是自我觉醒的开始

有一句流行语：你若盛开，蝴蝶自来。而我更想说，不为清风不为蝶，我自妖艳盛放的个体觉醒与自由才是真境界。

为什么这么说呢？无论男人还是女人，若总想着为了吸引“蝴蝶”或“清风”让自己盛开，总有那么一点儿目的性或不自信。因为有心理学家说过，你有多依赖，对方就有多逃避；你有多用力，对方就有多排斥。两性关系就像是一面镜子，镜里镜外，你与对方到镜面的距离总是相等的。

一位女士深受肥胖之苦，用尽了各种办法减肥，但收效甚微。她发现，每当她想跟一位男士确定关系时，她的体重就会明显增加。她开始认真研究自己内心对于男人的潜在看法，之后她不得不承认，对待男人，她的评价一点也不比早年被父亲遗弃的母亲好。于是，她开始明白，身体上增加的赘肉，恰恰是自我保护的一层铠甲，用来防止她陷入情网，以避免最终被抛弃的命运。

后来发生的事情，使她终于能够看清男人与肥胖之间的关系。由于工作的原因，她必须去埃及几个月。在那里，男人更喜欢体态丰满甚至肥硕的女人。所以，当她从埃及回来继续向我咨询时，她明显地消瘦了。她的身体再次为她筑起了自我保护的防线，令男人对她望而却步。她告诉咨询师：“不知道为什么就瘦了，我一点食欲都没有，完全不想吃东西……”当她认识到其中相互制约的关系，调整心态后，终于能向一个男人完全敞开心扉。自然而然，她身上那层像铠甲般的赘肉也就消失了。

我之所以引用这个案例，意在说明，爱自己跟谁结婚都一样。也许你会觉得不可思议，但事实上不管跟谁结婚，结果都一样。你不能总是期望你的伴侣帮你找到真正的快乐，让你重获自信。无论你和谁结婚，最终总是会与自己相遇。因此，当婚姻搁浅、气氛冷漠时，当内心充满愤怒时，当彼此仇视厌恶时，恰恰正是婚姻的转机。即使如大多数人一样（包括我在内）必须要面对婚姻的解体，那么在一段错误的亲密关系中吸取教训，真正做到自我觉醒，才是进行自我修为的路。

我们常常错误地以为一段“理想”关系让自己变得完整。可理想的关系其实永不存在，伴侣也不能弥补我们的不足。我们依赖对方，我们要在对方那里去得到认同。抽离了个人情感，我们觉得空虚和没有价值。我们将个人的期望投射到伴侣身上。但我们最好还是看清期待的背后是什么？很多时候，我们会发现在期待的背后，其实站着一个等待被关注、等待沟通和等待被爱护的“小孩”。

内在的“小孩”是个人与自己的关系。如果一个人与自己的关系亲近，则生活将是有活力，充满创意与能量的；若关系是疏离的，则容易感到对生活厌倦、无力及消极。

比方说，价值观是由父母、老师或社会所赋予的，那么我们就会希望找到一个能满足这些渴望的伴侣，而每当发觉伴侣无法满足自己，心内那个受伤的“小孩”就会大哭大叫，开始制造问题。

那么我们有什么方法可以停止这种依赖性呢？首先安抚和认领这个内在的“小孩”。给予他空间、了解他。明白痛苦的存在，明白内在“小孩”是我们的一部分。最重要的是完全接纳他。渐渐地我们会学懂保持距离——那是冥想和觉醒的距离。这样，我们会让长大的自己投入参与；当我们不再被那个“小孩”控制，我们便能得到心灵的启示。

好好地接受和面对问题，我们就不会再那么依赖身边所爱的人，从而营造一段更美好的关系。

就像荣格的观点：“问题不能被解决，但人可以成长，从而跳脱问题。”这里的跳脱，更多应该是从自我固化的思维框架中解脱出来，成为一个不那么健忘，从矛盾中吸取智慧和教训，有力挑起自身该担负的责任。寻找问题，从内省开始，而非一味从外界去祈求答案，是觉醒的开始，也是自我灵魂探索的开始。

正如克里斯多福·孟在他的一本书中谈到：“生命是一次爱的觉醒和传承，亲密关系是通往内在纯光纯爱的道路。它是用来帮助你认识自己，进而愈疗你的创伤，最终找回真正的自己，因此，它是通往我们灵魂的桥梁。”

曾看过一个学术家说过一句话：“家庭太幸福，学问难有成就。可是，求幸福的家庭比求学问要难多了！”当时看这句话并不太理解其中深意，直到自己成家后才体会到这种不易和困难。再理想的灵魂伴侣，在锅碗瓢盆和柴米油盐酱醋茶的考验中都会原形毕露，当爱情的浪漫与生活的现实相撞，家庭选择的何去何从则决定了社会价值体系观念的直接改变。今天离婚率的上升，不能不说是一种亟须从心灵层面改变的迫切要求。

在我看来，男人走进婚姻之时，也只不过是个十岁的“小孩”活在一个三十多岁的身体里，所以必然会产生一个问题，那就是“花费大多数的时间，设法去改变或控制对方的行为”，这也往往是导致夫妻双方产生矛盾的根本原因。所以，我们与其期待改变对方，不如首先改变自己的心态和行为，从负面的因素里找到积极的方向并去努力改变，就可以保持一种亲密关系不受到挑战。

无论如何，亲密关系需要双方的不断内省和理解，才能维持长久的关系。如果发现自己经历了一段错误的亲密关系，那么，更要内省和觉醒，以便杜绝以后再次发生。

挖出婚姻地雷，找回两性相处真谛

两个相爱的男女在缔结婚姻的那刻，神圣且庄严地宣誓：我爱他，不论贫穷、疾病、灾难都患难与共不离不弃。而婚后的两个人在相处过程中，像两个新兵走在雷区，随时都有踩雷的风险，相处不下去才发现，宣誓像是玩笑一样，根本就不再做数。

圣经中对于爱的定义是“爱是恒久忍耐”，而只有恒久忍耐就够了吗？显然不全面。因为爱不是一个单向的发展，因此忍耐也不是一个单向的过程。双向的爱才能有美好的沟通，爱的真谛出现两次“忍耐”，显示出“彼此忍耐”是我们现代人在婚姻相处中需要学习的功课。

想要找回两性相处的真谛，就要先挖出影响婚姻的“地雷”才行。那么，在不和谐的两性关系中，究竟有哪些“雷”呢？

其一，对人不对事的批判和攻击。

每对伴侣都会对彼此有不满的地方，也往往因为对方是我们最亲近的人，我们通常会最直接最不加掩饰地批评和评判对方。我们认为对方应该这样、应该那样。但是批判和抱怨是不一样的。批判攻击的是人，而不只是他们的行为。如果一方时常评判或批判对方，会让对方越来越压抑、越来越愤怒，直到某一天突然爆发。批判方认为“你就是这样了！”而另一方也会因为不停地被贬低，而在这段关系里失去自信，也渐渐失去继续在一起的动力。

日常生活中，我们是不是也常不经意地就用：“你就怎样怎样，才会发生什么什么”的句子，然后换来对方的一脸无奈？或者“我就知道怎样怎样”“我都说了什么什么”……

其二，瞧不起对方。

翻白眼、鼻子喷气、嘲弄、恶意且带有人身攻击的幽默……那种一副“瞧不起对方的蔑视”是夫妻关系里面最恐怖的。因为这样的嘲弄，你觉得无伤大雅，却深深地传递着“厌恶对方”的讯息，同时对对方的人格造成损害。

一旦你的另一半发现你的语言和肢体语言透露出你对他的“厌恶”，一段关系就很难继续发展下去了。因为，没有人喜欢跟讨厌自己的人相处，更没有人喜欢一直去讨好别人。

其三，充满攻击性的自我防卫。

自我防卫的心人人都会有，毕竟让另一个人完完全全地走进我们的心里，不是一件容易的事情。但是当自我防卫变成了推卸责任以及攻击对方，那就不是一件愉快的事情了。

这样的自我防卫往往会让争吵没完没了，让冲突一发不可收拾，而当冲突总是没完没了，伴侣之间的关系紧张度也会持续升高。

想想看，若是你的另一半跟你说“这还不都是你的错!”你心里是什么想法和感受？当两个人的关系变成充满互相攻击性时，感情就会越来越淡，关系也会越走越远。

其四，关闭心门，拒绝对方进入。

在问题出现后或者争吵后拒绝沟通、冷处理，并且在事件过后仍拒绝与对方谈内心的感受，这样的状况我们称为冷暴力。

你对另一半筑起了高高的心墙，让对方再也无法走入你的心半步，这是非常可怕的。

内心筑墙的行为虽然可能让冲突在当下不继续恶化，但事后却会对关系造成深远的负面影响。不停地筑墙也会让筑墙的一方越来越脱离关系，直至有一天发现，自己再也无法从墙里走出来。

婚姻中，我们要时刻警醒这四个方面，能不触雷就不触，那样虽然不一定能收获真爱，起码可以避免婚姻中两败俱伤。

相信每个走进婚姻的人，都是抱定一辈子拥有“真爱”的目的，不然谁还要走这一个烦琐的过程。但相爱容易相守难。想真爱，就得首先明白，究竟什么是爱?

爱一个人，我们有五个基本界定：第一，爱是一个生命喜欢另一个生命的一种感情，不是物质，不是金钱，如果你爱孩子了，那意味着你跟你孩子说话语气是温柔的，目光是柔和的，把心中对孩子的爱通过表情表现出来，表达出来的爱才是爱，埋在心里的爱只是一种想法；第二，爱是平等的关系，如果说爱一个人，却不尊重这个人的人格，那不是爱；第三，爱是无条件的，如果爱一个人有附加条件，爱孩子要求孩子考出好成绩，那是爱成绩不是爱孩子；第四，爱是整体接纳，跟行为没有关系，不管长得高矮胖瘦，优点缺点都得完整接纳；第五，爱的有无是由被爱者决定的，被爱者感受到你的爱是真爱，没有感觉到爱那就是没有爱。

爱是人生最大的乐趣。如果真的想要这辈子幸福快乐，首先要了解爱的真谛，知道人的两种需求，一个是施爱，一个是被爱。如果了解了，就会彻底消除了抱怨，就能做到爱一个人无怨无悔。比如下雪了，身上一身雪，进屋门前要抖一下，把雪抖在门外。这雪好比是烦恼，我们要把它留在门外，把爱带回家。

二是基本需求上的差别。男人第一个是性，第二个是信任；女人第一个是爱，第二个是了解。

三是动力激发上的差别。男人最在乎女人的看法、被需要；女人需要被真爱、被尊重。男人一旦被女人激发起来被需要的时候，为女人付出再多都愿意。女人找到被真爱被尊重时，再大的痛苦也乐意承受。反过来，妻子在家好强、逞强、要强，绝对不是好事。因为一个女人这样至少要了两个人的"命"，第一个是要了男人的"命"，第二个是要了孩子的"命"。女人真正的智慧是示弱。聪明的女人都会示弱。女人是外柔内刚，男人是外强中干。男人找到被宠爱的感觉，再累也愿意。如果女人要强的话，就会受苦一辈子而且不会落好。

两性相处最大秘诀是学会妥协，两性战争，从消灭差别开始。总强调谁对谁错，只会增加无意义的争执。一个女人给丈夫缝裤子时撒娇说，"如果没有女人的话，裤子谁缝呢"，男人说"如果没有女人我们穿裤子干什么"。男女两性没有谁重要谁不重要，要学会妥协，知道双方有差别，这是最大的两性相处艺术。作为男人明明知道自己错了，坦率承认，这叫明智；而明明知道自己没错，承认错了，这叫妥协。

两性相处的艺术，是承认差别、尊重差别、享受差别。如果真的想要家庭和睦，就一定要记住男女两性差别，建立爱的文化氛围，培养自己爱的能力。爱的问题不仅仅是对象问题，更主要的是能力问题。要有能力爱对方，有本事让对方过上好日子，享受到爱的欢乐。太多人都认为自己心中爱对方，是把爱的女人娶回家，或者嫁给一个自己认为很爱的男人，这显然是很片面的，是对爱的误解。爱是一个能力问题，作为女人如果没有爱的能力，即使嫁给一个杰出的男人，也会把这个男人折磨死；作为男人如果没有能力爱女人，即使娶到一个美丽、善良、温柔的女人，也会让这个女人窒息而死。

明白了以上几点，才能找到真正的爱。

男人的心理和在家庭中所处的地位

我们经常看到在婚姻中两个人处于敌对共生的状态，经常出现很“拧巴”的状态，好像说些刺激、让对方不舒服的话，就会感觉很爽。其实在说出这些话的同时，家庭的正能量场也被一点点破坏侵蚀掉了。如果孩子正处在青少年儿童时期，他在这样的环境下一定会感觉很难受，无法呼吸，这就是很多孩子在画心理画的时候，经常把家中涂抹很多黑色的重要原因。

夫妻之间闹矛盾，很大程度是双方都不明白对方的需求造成的。所以，我有必要在这里重新提提男人和女人究竟有哪些不同的心理需求。

男人并不排斥对自己的家庭和女人尽义务，如果他能够明确地知道他的妻子多么爱他，他的妻子又是多么陶醉于与他共处的幸福之中，他会义无反顾地为家庭和妻子牺牲一切。反之，如果男人对家庭和女人的感受没有把握甚至产生多余的担心，他将表现得像个无赖。在有关家庭和自己女人的事情上，男人都喜欢听到类似艾森豪威尔夫人那样的回答：“生命带给女人的最伟大生涯，就是做个妻子。”我们先了解一下男人。

男人的三大需求是什么？

男人有三大核心需求，也是男人三大“心理命脉”。一个女人如果抓住了这三条心理命脉，只会让老公越来越爱你，越来越疼你。因为老公不是用来推出去的，而是用智慧留住的。

第一需求：男人渴望被佩服、被认可的感觉。

男人的潜意识都自卑。有人说，男人是女人生的，所以男人天生自卑。总之男人潜意识中就是希望女人相当佩服他、认可他。这样男人内心的某些渴望就被适度膨胀，而适度膨胀中自信就找到了，就是男人的需要。

女主人事事都在公众场合比老公强，激发了老公潜意识中的自卑情结，老公就很难受。而且女人越强，男人越难受，即使嘴上不说。

会抬高老公的女人是智慧的好女人。你一给老公面子，一抬高老公，尤其是公众场合，你仔细看老公表情，立刻感觉不一样。无论他嘴上说什么，心里一定是很美的。他回家对你的态度一定会不同。所以好男人都是好女人抬出来的，因为好女人是好男人的一所大学。

第二需求：男人渴望若水的温柔。

一条奔流的小河无论如何也跨越不了高山，它变成冰，更过不去，后来变成了水蒸气，却顺利地跨越了高山。

一个女人真正成为水的时候，才能融化男人，融化一切。

任何男人都喜欢温柔的女人，就算表现的不在乎，内心也会向往。从大量对男性的调查报告中不难发现，男人潜意识中对温柔的女性都喜欢。

温柔体现在三个方面：

声音。有人说女人的智慧、才情、魅力都是从声音表现出来。女人声音很硬，是因为你内心对自己的认可开放度不够。打开温柔的声音，让想说的话像从心中慢慢流淌出来一样，自然会进入到男人的心中。

动作。女人的最大魅力在于肢体动作。当你心中动情了，有爱了，你的动作肯定很美。所以一个学会并且喜欢欣赏自己美的女人，才值得男人欣赏并喜欢。不喜欢欣赏自己美的女人，也无法赢得别人的喜欢和欣赏。

眼神。有一个词叫“勾魂”。从哪里“勾”？透过眼神来传递讯息。所以有智慧、夫妻生活好的女人，看着她的眼神，你都会觉得很有魅力，由内而外散发迷人味道。所以，好女人只有多进行灵性的修炼，多向内发现自我，反省自我，才能看到一个完整真实、有吸引力的女人。

第三需求：男人渴望无条件支持理解他。

一个女人最大的智慧就是能够无条件支持理解他。

有一个女人声泪俱下地控诉老公，她关心他，不让他抽烟，他却不听。无论怎么说，都不听。她很生气，认为他已经不爱她了。实际上，爱你和抽烟对于男人完全是两码事。你非要过度解读，只能承担自己制造出来的负面情绪的恶果了。

男人晚回家了，通常女人会鼻子不是鼻子，脸不是脸的，不是嘲讽就是唠叨，或者直接攻击伤害。总之，你晚回家就不是东西。有智慧的女人，会给男人擦洗、倒一杯热水，说一句暖心的话，男人立刻“石化”了。所以智慧的女人都是能够让男人生发出自我反省。

熟谙一个人，就像中医找穴位一样，知道了男人的三大需求，投之以好，弃之以嫌，男人就是好男人。

如果一个女人深谙男人的心理需求，就会有针对性地给予男性以面子和尊严，那么，相对而言，这样的男人在家里地位也会明显提高。而一个有了尊严的男性，才是真正的大丈夫，他不会轻易伤害家，伤害另一半，会表现出大丈夫的担当和责任，更努力来担负起一个家。

女人的心理和在家庭中扮演的角色

有句戏言：我负责挣钱养家，你负责貌美如花。这句话或许是很多男人结婚时对妻子的承诺。但是在真实的婚姻生活里，女人又岂是貌美如花就可以的？做幸福女人重在能力。而那些屡屡受伤的女人身上都有致命的弱点，更缺少一种驾驭生活驾驭男人的能力。其实说驾驭男人是针对那些可以驾驭自己的女人说的，你连自己都驾驭不了何谈驾驭男人驾驭生活。驾驭自己包括怎样管理好自己的情绪，怎样有侧重点地安排好自己的生活，在各个年龄段知道自己想要什么并为之努力，实实在在地了解人性了解男人，接受男人身上的弱点和缺点，用不和男人较劲不和自己较劲的平和心态去处理问题，不要为了面子逞一时之气作出错误的选择。看到这儿，也许女性该说了，“我们遇到的就是一些不懂我们的臭男人，怎么能不气，怎么可能不犯错。”

当然，也有男性说过：“我和她认识三个月就闪婚了。”如果一个人感觉婚后才发现对方不是你真想要的那个样子，那作为一个过来人，我也只能告诉你：人是无法改变别人的，甚至连已经习惯成自然、形成稳定性格的自己也很难改变。所以，只能让自己去适应别人，或者提醒对方，两人共同努力，在一定范围内调整双方的互动模式。如果还是“处不来”，那就只有“分手”了。可是，谁又能保证自己的“下一个”会怎样呢?！两个人走到一起真的是个难得的缘分，应当珍惜。

我相信婚姻，相信有很多幸福的女人，她们在家庭里可以得到满足，在男人那里可以得到宠爱，在自己的婚姻里有安全感，把自己的日子过得“朝气蓬勃”，这样的女人不一定漂亮但心理健康充满智慧，这样的女人不一定完美但有治家之道治男人之道，这样的女人不一定多么富有但一定知足常乐懂得感恩，这样的女人不一定惊天动地但肯定懂得取舍知道进退。而这样的女人一定也是在男人的关爱和滋养下变成这样的人。那么，我们男同胞能不能深谙女性心理需求呢？

对应男人的三大命脉，女人也有三大需求。

女人的核心需求是安全感。

经济上、生活中、爱中，女人都需要内心的安全感。比如：当你不能经常陪陪她，她立刻在心中产生一种不安全感。因为你释放出来的信息，经由女人内在翻译系统演绎之后，你的行为就变成了是不是不爱她了，是不是觉得她不如以前好了。女人有恐惧感，所以她会本能去抓住你，而抓住你的最好方式就是唠叨。因为内心有恐惧需要排解和释放，唠叨就成了解压的手段和工具了。而男人没有看到这一切的本质，就从女人表面演绎的行为中，错误地产生了负面的情绪，认为女人很烦人，不理解他。于是双方就产生了争执和矛盾。

真正有智慧的男人，不是冲着老婆大喊大叫，而是会宠着老婆、疼着老婆、惯着老婆。最可悲的男人总是和老婆争“宠”，互相要内心的安全感，最后演变成互相不谦让，矛盾冲突到分离。

女人通过说获得你的认可。

夫妻之间的争吵多是因为大事还是小事？一般都是小事。真正大事临头了，反而一致对外了。所以导致两个人关系的问题，主要都是小事导致的。而解决小事最好的智慧就是不较真。

两口子吵架，就一个原因，简称“闲”。忙的时候不吵，闲下来反正也没事，闲着也是闲着，吵吵更精神。所以很多夫妻两个人就当练习训练心理素质了。

女人经常喜欢说什么话？闲言碎语。你让女人再说一遍她刚才说的，她自己都记不起来。男人如果不等女人说完就撤退，女人立刻会说，“老公你不听我说话了，是不是不想和我说话了？”所以男人对女人的智慧是，也听也不听。因为你只要知道，女人通过说，是为了得到你的认可，让你看到她的存在。

女人渴望被宠被哄的感觉。

女人是个感觉型动物。因为你发现当女人故意发火、故意撒娇的时候，是不是真的生气？不是！因为她就是渴望你可以注意她。就像我们得病渴望人来关心我们一样。所以卡耐基说，全世界的人通常都只有七岁左右。因为每个成人的内心都有一个没有长大的“小孩”。看看六七十岁的老人说翻脸就翻脸就知道我们内心还未长大。

所以，跟女人相处的最大智慧是，尊重女人内心的“小孩”，喜欢她并和她一起玩那些小玩具、小情调、小情趣，和她内心的“小孩”再恋爱一次吧！下等婚姻女人变成了疯子，中等婚姻女人变成了傻子，上等婚姻女人会变成孩子。为了幸福的家，男人一定要好好把握女人的心理需求，努力把自己的女人宠成孩子，共同抚养孩子。

用来形容女人的词比如“清风扶柳”“婀娜多姿”，意在说明，女人是柔弱的，在家里也是不能担重担的。男人的肩膀是平的，骨头也硬，张力也好，是要修理、看守的。许多丈夫跟自己的妻子讲平等：我干什么你也得干的跟我差不多，我才继续干。我做重体力活，比如换煤气，其他活就是你的，什么时候你干的活积攒起来跟我干的差不多了，我就继续干，否则我不干。这也是讲平等带来的问题。

真理不是这样的。男人一定要知道这家是你的，你必须把这个家守住，你不让女人在体力和精神上减轻压力，女人是无法温柔起来的。男人要记住，你最需要妻子的温柔，而不是让她帮你分担修理、看守的责任。这一点我深有体会。上帝让男人当头，是要男人挑起负责任的大梁。家庭里，如果男人逃避责任，将会引发很多问题，妻子被迫承担男人应负的责任，变成“当家的”，只会越来越强势，也就很难温柔。

重建和谐夫妻关系，惠及亲子关系

我一直强调，亲子关系出了问题，一定要往源头上找，一定是夫妻关系出了问题。想教育好孩子，夫妻关系必须处理好。

亲子之情同夫妻之情都是人类崇高的感情，前者有血缘纽带，后者有亲密的姻缘桥梁，两者可以互相渗透、促进。家庭成员之间融洽的关系，是孩子心理健康的重要基础。对于孩子来讲，父母就是他的整个世界，是他生活的楷模。如果孩子经常看到父母间的冲突，孩子会感到极大的不安与畏惧。父母能送给孩子最好的礼物，就是美好的婚姻，这会影响孩子安全感的建立，以及影响其社会化、人际关系等方面。

夫妻关系对孩子成长的影响，远比我们想象中更深远。好的夫妻关系帮助孩子顺利地实现性别认同，保持家庭成员之间的平衡与适度亲密，还会在孩子心里种下一颗叫作“幸福”的种子……有句意味深长的话：对孩子最好的爱，就是爸爸爱妈妈，妈妈爱爸爸，爸爸妈妈一起爱孩子。

一个在夫妻关系并不圆满的家庭中成长的孩子，往往从他的脸上就可以看出郁郁寡欢。也许有人问，孩子怎么会了解夫妻间的关系？其实，孩子很早就具有能感受来自周围刺激的敏锐头脑。

同时，我认为，不要让亲子关系超过了夫妻关系，不要因为过分爱孩子而忽略了自己的配偶。只有父母都爱孩子，但他们同时又深深相爱，他们不会因为爱孩子而忽略对对方的爱的时候，孩子才会慢慢懂得，尽管妈妈如此爱他，但爸爸才是妈妈最好的伴侣，而他不过是个孩子。于是，他会安心地做孩子，享受父母给他的爱。同时，他努力向爸爸/妈妈靠拢，知道只有变得像爸爸/妈妈一样，才能赢得妈妈/爸爸更多的爱。这种心理转变，是男孩成为男人和女孩成为女人的基本转变。所以，和谐健康的家庭关系是这样的：

如果是父亲，就要对女儿说，我爱你，但妈妈才是能陪伴我一生的人；

如果是母亲，就要对儿子说，我爱你，但爸爸才是能陪伴我一生的人。

在一个家里，人们普遍会陷入一个误区，注重亲子关系超越了夫妻关系。殊不知，亲子关系是一个“伪命题”，夫妻关系才是影响亲子关系的重要关系。

中国的夫妻，在结婚三五年后，基本就只有亲情了。爸爸对孩子的妈妈，有时候漠不关心，有时候发泄情绪毫不留情。也有一部分妈妈，孩子才是一切，在家庭排名上，往往把孩子放在首位，丈夫放在了其次。其实孩子看在眼里，记在心头，刻印在潜意识中，未来很有可能在他的异性交往以及婚姻生活中就会情景重现。

有一对来找我咨询的夫妻。妻子始终很强势，数落男人的不是，而丈夫则压抑着情绪沉默对抗。其实男人在金融行业做得不错，一个月几万元的收入，但是女人还是不满足。后来跟这位先生沟通之后发现，他的爸爸在家里和她妈妈就是这种模式相处。原来是他在无意识状态下就把这种爱的模式迁移到他的婚姻生活中，像爸爸一样承受这种压抑的情绪。

在家庭关系中，夫妻关系一定要大于亲子关系，当我们高喊着一切为了孩子的时候，先修正夫妻关系，才是对孩子真正的好。

就情感来说，亲子情和夫妻情确实难有高下之分，另一半和孩子都是自己生命中最重要的人。有人说，孩子只能陪你20多年，而另一半却会陪你一辈子。这个说法有一定的道理，但并不是因为这样，夫妻情就应理所当然超越亲子情。如同多子女的母亲，对于孩子的感情并非平分而都是百分之百的爱一样，亲子情和夫妻情都应同等程度被重视。

但是，对于孩子的教育而言，放错重点的爱有害无益，夫妻关系应该摆在亲子关系之前。首先，父母之间感情深厚，彼此深爱，这样幸福的家庭关系会给孩子带来安全感，对孩子的成长非常有利；其次，父母之间的相处方式和关系，会对孩子未来的婚姻观和家庭观产生深刻的影响，牢固的父母感情对于孩子是非常正面积极的示范，有助于孩子未来婚姻幸福；最后，夫妻关系在亲子关系之前，这样的家庭氛围不是以孩子为中心，有助于孩子培养正常的心态，摆正自己的位置，不会太自我。

所以，爱孩子先从爱伴侣开始，爱伴侣先从爱自己开始。真正的爱自己就是会自省，会换位，在深耕了夫妻关系的同时，经营好一个家，才能给孩子更好的爱和滋养。在孩子的教育上才会不施教而教。

夫妻之间该如何拥有一段稳定而长久的爱情关系呢？又该如何经营那长久的“柴米油盐”的婚姻生活？我给出的建议是，永远记住：夫妇有别，各安其位。

现代社会中出现的混乱，缘于没有唤醒大家心中的善。教育孩子是无量功德，教育好孩子了，家庭和睦了，社会就和谐了。

夫妻双方相处时最好将对方视作彼此最好的朋友，而也有调查表明像朋友一样的夫妇幸福指数更高。因为，朋友通常都是志同道合的人，即大家对事物的看法类似，也即价值观相似。而价值观的问题，没有对错，只有差异。夫妻双方在遇到问题后更要多沟通、多理解、多用心，这样才能让婚姻长长久久。

我们要生孩子，而且我们要养育孩子。如果只是生孩子，却没有亲自养育，父母与孩子之间就不可能建立起亲密关系，孩子也很难成为敬虔、正直的人。目前，在我们国家，只生不养的问题越来越普遍。许多年轻父母将自己个人的成功看得比教养孩子更重要，为了事业，把孩子交给爷爷、奶奶、保姆或者老师去养育，这样会对亲子关系不利。母亲在教养孩子的过程中扮演着重要角色，特别是孩子年幼时，更需要从妈妈那里得到足够的关注和爱抚。此外，女人母性的一面，不仅表现在对孩子的养育上，也表现在对丈夫的包容上。每个男人的心里，其实都住着一个“小孩”，需要妻子用“为母的心”来呵护。

夫妻是家庭气氛的缔造者，是家庭稳定的维护者，是经济收入的创造者，是双方老人的赡养者，是孩子成长的教育者。夫妻关系不协调，其他一切关系都会受到影响。因此家庭和谐，从夫妻关系说起。所以，建立了和谐的夫妻关系，才能惠及亲子关系。

第六章

改变父母留在我们身上的印记

改变父母留在我们身上的印记

给予孩子爱的质量，而非重量

世界上最伟大的爱，莫过于父母对孩子的爱，那么单纯，那么真挚，那么无私。没有哪一个父母不爱自己的孩子。父母总是毫无保留地付出，有的时候却无法看到想要的结果。所以父母们是否想过您爱孩子的方式，也许真的不是一个孩童需要的方式，有时候您的爱，甚至会成为孩子的负担。您需要做的是还孩子彩色的童年，还孩子体面的尊重。这份彩色和尊重就是孩子在父母的关爱和呵护下得到的成长的养料，而不是包袱和重担。

如果我们问身边的父母，“会不会爱孩子?”父母一定会说，“这是什么话，哪个父母不会爱孩子呢?”而现实中，我们也经常发现有些父母总觉得生活搞得一团乱全部都是为了孩子，我们总是以爱的名义让孩子去做我们认为应该做的事情，可我们却忽略了孩子的身心是否能受得了，孩子的感受又是怎样？我们爱比较，总认为孩子不够努力。我们从不站在孩子的角度考虑事情，我们总认为给孩子的是“爱”而不是负担。我们活得很累，很不容易，我们告诉孩子：做这一切都是为了你。

这些年，我看过太多那样的父母：他们总是喜欢把孩子作为自己一生的心血和一生努力的归结点。他们总是认为，自己那么努力，就是为了孩子，他们的幸福和不幸福都寄托在自己的孩子身上。

他们总是重复着这样一些话：

“我每天起早摸黑地干，还不是为你。”

“我省吃俭用，还不是为了让你过上好日子。”

“你看我过得那么苦，你如果不成才，你还有脸吗?”

父母说这样的话就是内心最真实的感受，有了孩子的父母以为所有的一切都是为了将来孩子能争气。殊不知，这样说，他当下就感受不到爱，更不要说将来如何了。

其实，孩子的内心很强大，但也很敏感。生和养从来都是需要付出代价的，从量变到质变，总是潜移默化。

关心、爱都没有错，可是如何适度，如何有智慧地爱才是关键。很多朋友都曾经这样教育孩子：“你给我增添了多少麻烦!”总是投诉生活的艰辛，却绝口不提养孩子的快乐。大多数父母，尤其是母亲爱这样，她们并不是不爱孩子，但她们从来都是抱怨孩子不听话，过分强调养育的艰辛，并希望通过这种方式得到孩子的回报，喜欢把自己扮演成“牺牲妈妈”，让孩子充满内疚，意图让孩子长大后能有所回报，似乎这才感到满足，才觉得自己付出的有回报。

还有一些母亲，在孩子不听话的时候，立刻会悲从中来一把鼻涕一把眼泪地哭诉：“你没有良心，我为了你，头发都全白了!”像是一生下孩子，她的头发就白了似的。其实你可以不必那么辛苦，甚至宁愿你稍微自私一点，有了孩子要留一部分自己的时间。把自己打造成“牺牲自己只为孩子的母亲”，给孩子的不是爱，因为孩子承担不起这份爱。

其实，父母也要知道，实际上，你并没有如你想象的那样伟大和无私，虽然你嘴上说“不求回报”，但你心里还是有所指望的。

你告诉他你拉扯他辛苦，是想着让孩子感恩的；

你口口声声说“都是为了你才成这样，”是让孩子为你的现状买单，哪怕只是用心理负担去买单呢；

你抱怨孩子不上进不努力，是想着有一天孩子有了成果，好让自己脸上有光彩。

归结到一点，你的爱都是有所图，有所求的，正是因为如此，你认为你有特权指导你的孩子，对他的未来指手画脚，甚至横加干涉，如果你的孩子不肯按照你的预想生活，你就会感到深深失望，而这种失望也将深深伤害你的孩子。

父母真正爱孩子的话，就要明白，对于孩子来说，什么才是最重要的？是优异的成绩，还是豁达的性格？是独立坚强的精神，还是暴躁抑郁的心理？对父母来说，孩子不该为父母而活，他有自己的梦想和人生，他有资格也有权利主宰自己的未来和命运。如今的父母都抱着望子成龙望女成凤的心态，孩子的父母希望孩子好没错，可凡事都要顺应孩子的意愿去考虑，这才是真爱，真正的爱给孩子的是质量，而不是负担。

有一位印度教徒，步行前往喜马拉雅山的圣庙去朝圣。路途非常遥远，山路非常难行，空气非常稀薄，他虽然携带很少的行李，但沿途走来，还是举步维艰，气喘吁吁。他走走停停，不断向前遥望，希望目的地赶快出现在眼前。就在他前方，他看到一个小女孩，年纪不超过十岁，背着一个胖嘟嘟的小孩，也缓慢地向前移动。她喘气得很厉害，也一直在流汗，可是她的双手还是紧紧护着背上的小孩。

这位教徒经过小女孩的身边时，很同情地对小女孩说："我的孩子，你一定很疲倦很辛苦，你背得那么重！"小女孩听了很不高兴地说："你背的东西是一个重量，所以觉得很辛苦。但我背的不是一个重量，他是我弟弟，我怎会觉得辛苦呢？"

没有错，用磅秤衡量，不管是弟弟或包袱，都会显示出实际的重量。但就心而言，那小女孩说得一点没错，她背的是弟弟，是一份爱。她对她弟弟的爱是发自内心深处的爱，没有理由，没有条件，没有负担。真爱没有重量，不是负担，而是一种喜悦的关怀与无私的付出。

在孩子成长的过程中，我们做父母的都在默默地做着一切。我们很多做父母的在做一些琐碎而繁重的日常家务时是绝不会对孩子抱怨什么的，其实，这里面也是一份爱，对家庭的爱，对孩子的爱。可是，为什么在对待孩子学习和其他方面上，我们加入了一份沉甸甸的私心呢？有时，我们做父母的尽管口口声声说为了孩子的将来，但是，孩子按照我们强加给他们的要求去做，将来就一定好吗？更何况，我们想的就一定对吗？

我曾亲耳听到一个母亲对孩子说："我含辛茹苦地把你养大，做牛做马地供你读书，你要考不上重点大学，还有什么脸来见我？我活下去还有什么意义？"这些话很尖刻刺骨，但是我们很多做父母的不都有这样的想法吗？有时，我们尽管没在口头上说出："孩子，你不考到一百分，我就不爱你了。""你不像人家李阿姨家女儿那样听话，我就不喜欢你了。"可是，我们在无形中流露出的神色就给孩子发出了这样的信号。这份爱太沉重了，孩子们稚嫩的肩膀能担得起吗？

我在小的时候也总是听到，尤其在我淘气的时候，母亲说的更多的是"你这样做真给我丢脸"，母亲受苦受累，但她总说"要不是为了拉扯你们，为了这个家，我至于成了今天这个样子吗"，等等。

所以，我们要给孩子有质量的爱，而不是去给孩子内心加码加重。我们要活得有质量，爱得有质量，孩子在未来才能轻装上阵。

接纳孩子真实的样子，而不是该如何的样子

我们每个人都有对最好人生的定义，比如有些人觉得人活着应该性格好、有充足的经济来源、有非常宏伟的事业和非常好的伴侣；而另一些人觉得最好的人生就是生活得很幸福，每天做自己喜欢的事情并且跟喜欢的人在一起；还有一些人觉得最好的生活是安安稳稳，不受各种艰难险阻和失败的折磨，平淡而安心地活着……这些想法本身都没有问题，毕竟我们早已进入了价值多元化的时代。

可是当我们把自己认为是最好人生的标准，强加给我们的孩子时，问

题就出现了。

每一个人，都对自己有所期待。然而，并不是每一个人，都可以成功地成为自己所期望的样子。

这个时候，很多人会把这种期望，折射到自己的孩子身上。

举个最简单的例子。假设父母以为能弹得一手好钢琴，能画一手好画才是一个优秀孩子的标准，可是恰好就生了一个不爱学钢琴，也不爱画画的孩子；假设父母是急性子，做什么事都想速战速决，恰好孩子却是一个慢性子，做事磨蹭，不愠不火。这时候大多数家长的做法是：不接纳！

会认为，我是怎样怎样的人，为什么你就不是呢？于是，当父母的通常会想方设法去改变孩子，让孩子跟父母一样，喜欢父母的喜欢，性格和处事风格也复制父母的样子。希望孩子变成父母想要他变成的样子。

在我们第 15 届青少年国际课程 YES I CAN 训练营里，曾帮助过一个孩子小松。他是个很酷的孩子，他很有趣，活跃、精力旺盛，他夸张的笑容和特有的个性能让整个房间都充满活力。他喜欢音乐，有事没事总爱弹吉他，音乐是他的激情所在。他的父亲 K 先生是一位保守又严厉的工程师，有一段时间很难理解自己的儿子。他们的个性完全不同，K 先生不能理解为什么小松不能做到更整洁、更准时、做事更有条理性，为什么不能学些未来能有用的知识，而不是每天沉陷在无聊的音乐里弹那些不着调的民谣。

很显然，K 先生认为小松表现不够好，不能达到他的期望。他每次这样想的时候，小松就会更往后退缩，也更为自己暗淡的前途担忧，后来干脆一言不发。K 先生和小松的交流彻底断绝，这其中的部分原因是 K 先生从来没有认识到小松其实拼命地想要达到父亲的期望，却又担心自己永远也达不到。K 先生没有意识到男孩子的内心有一种强烈的意愿，他们不希望自己辜负别人的期望，特别是当这些期望是来自他们的父亲。

小松每次在被一些事情困扰，或者最终没有达到理想效果的时候，K先生会这样说："你总是这样！你为什么就学不会？"他这样说会让小松的感觉更差。抛开他们个性的差异，以及小松外表上的酷酷的冷淡，小松其实希望自己的努力和强项得到K先生认可，而K先生看到小松根本不在意的样子，就变得对儿子更加失望。

这个世界上并没有哪种人生，哪种性格，哪种生活方式，甚至是哪种品格和特质是"最好的"。你所欣赏并喜欢的那些特质，你的孩子并不一定要拥有。

如果父母不接纳孩子，他们会变成什么样子？我们要不要想一下，孩子是谁？他的天赋和才能是什么？他真正最想做什么？想一想，反思一下。如果我们不去接纳孩子本来的样子，而是总想让他按父母想的那样，那么孩子怎么能是一个独立自主的人呢？

世界上没有什么比不能做自己更痛苦了。当我们不接纳自己的孩子时，他们会因为爱我们而顺从我们的想法，但把我们的标准和价值观内化了之后的孩子，会因为这些标准和价值观跟他们内心最本真的自己强烈冲突，日复一日地体验着痛苦、迷茫、沮丧、愤怒。当一个人的全部精力都被用来去调节这些矛盾时，还哪里有精力去成长、去绽放、去成为最好的自己呢？

父母之所以希望孩子这样或那样，其实一是父母恐惧，害怕孩子未来不能功成名就；二是欲望，能否给父母长脸，甚至光宗耀祖。被恐惧和欲望辖制的父母根本做不到全然接纳孩子，孩子不被接纳，就会缺乏自我价值感，也不会有真正的归属感。因为，你不接纳孩子，他就不会接纳他自己。这会导致孩子一生都在寻求外界的认可，不敢做自己，畏缩不前，不敢冒险尝试，总对结果做最坏的打算，即使有成就也不容易快乐，喜欢严苛地批判自己，总是注意他人的缺失，习惯于怪罪他人。

如果父母试图通过孩子让自己内在的恐惧消失，那么就不是在爱孩子，而是在利用他，即便父母是打着爱孩子的旗号。

真正的爱从哪里来？从一颗完全无惧的心中来。父母要问自己，心中有恐惧吗？倘若你心中有恐惧，你的爱不完全。你心中的恐惧越多，你的爱越不像爱而是掌控。

父母要反省自己是不是在“教育”这块地盘上，试图做孩子的主导者。如果你正在做着孩子高高在上的主导者，自己的日子好过吗？做别人的主宰事实上是最难过的日子，因为，当你掌控别人时，你也被别人掌控了。

所以，爱孩子就要全心地去接纳孩子，而不是掌控。接纳孩子本真的样子，而不是你希望的样子。

跟孩子做有效沟通和智慧倾听

我在讲课和做咨询的过程中，感受到很多父母非常焦虑，常常听到身边的家长们说：“孩子越大离我们越远，有话也不肯和我们说了，更别想知道他们的心里在想什么了。”“我是好话说尽，好事做绝，但一点效果都没有，他还是我行我素。”而孩子也有他们的苦恼——有了高兴事的时候与好朋友分享，受了委屈也找朋友诉说，因为跟爸妈说也没用。

之所以出现这种现象，大多是父母跟孩子的沟通出了状况。很多父母的模式就是在跟孩子互动的时候，管理不好自己的情绪，对孩子发火，甚至有些人还会打孩子，等自己回过神来的时候，又会觉得很心疼孩子，因为伤害了孩子自尊，怪自己这不好那不应该，因此很内疚。内疚的情绪在亲子关系中有很大的伤害：对父母本身会很有伤害，因为父母会指责自己，同时在父母的内心会觉得你看我都这么自责了，我是个好父母，潜意识还给自己下次可以犯同样错误的机会，而不是寻求改变；对孩子的伤害会更大，孩子会觉得你看都是我不好，我不应该惹父母生气，我不是个好孩子，这样的次数多了，就会固化成孩子的自我价值。其实伤害孩子的不仅仅是打骂行为本身，更重要的是，事情结束以后父母的看法和应对方式。所以，当我们父母有内疚情绪的时候不断地告诉自己，“我已经做了当下我所能做的最好的选择，”同时去思考下一次要怎样才会做得更好。

在我们小时候，父母大部分都扮演着高高在上的姿态，大部分都认为孩子必须“听话”，必须“服从”，没有反驳的理由。大人似乎什么都是对的，很少有父母会静下心来想如何跟孩子进行有效沟通，更谈不上“听孩子的话”。

亲子沟通，在一些家庭中是这样的：父母说得多，听孩子说得少；父母得结论的多，征求孩子意见的少；父母一厢情愿的多，孩子能自如表达内心感受与想法的少，孩子往往处于被动的状态。久而久之，孩子变得习惯性压抑，与父母讲真话的可能性越来越小，亲子关系疏离。有的孩子甚至感到父母很恐怖、不可理喻，个别孩子甚至想尽快离开家。

假如父母和孩子的关系不好，那父母对他的影响，对他的引导都是无效的。在我们亲子教育领域，特别重视关系。假如，父母和孩子之间有非常好的亲子关系，那么孩子感受到父母是可以信赖的，父母是安全的，在父母那里是可以寻求到支持的，孩子就会自信勇敢地去探索外面的世界。那么，怎样与孩子建立好的关系呢？

在我看来，要通过日常的沟通，还要父母做“听话”的人。这两方面都很关键。孩子们一天天长大，接触世界中，自我意识天天在提高。他们急切地需要他人了解他，尤其是心情难过的时候；就像我们每个人，都需要别人的接纳一样。接纳的意思不是一定要同意他的感受和见解，而是要体谅。

比如，一个孩子放学回到家，气呼呼地说：“我受够了学校，我恨透了学校，我不想上学了。”这时候，家长要说什么？父母当然不愿意孩子退学，孩子也可能是在学校受了什么打击说气话，其实并不是真想退学，可是他的心情应该是坏透了。如果这时候父母跟他说读书才有出路，才有出息什么的，孩子会觉得父母根本不了解他为什么生气，他也不想再跟父母有沟通，父母也就失去了对孩子的影响力。反过来，如果父母表示对他的心情很体谅，比如跟他说：“听起来你在学校受委屈了！心情不好吧？”这样表达，父母承认孩子的心情，给他说明的机会，让他把心意表达出来，他就会慢慢安静下来，也会找出解决问题之道。

了解孩子心里的感觉，才能解决他们的问题，也就为良好沟通开了个好头。很多父母都有很好的意见可以提供给孩子，但是由于下结论太快，不善于倾听，常常被孩子不假思索去排斥。尤其是情绪激动时的孩子，最想要的不一定是父母的说理或说教，而是不受别人打扰地静一静。所以，智慧父母不是急于说而是善于听。

很多父母都希望孩子“听话”，自己却很少会听孩子的话。他们认为，长辈说什么就是什么，照着做即可，父母还没有从内心认可亲子交流是相互的，觉得任孩子在自己面前说三道四，在某种意义上就是降低了父母的威严。有的家长甚至认为，“孩子是我的，怎么教育是我的事，我关心的就是怎么让孩子听话。”也有的家长说：“孩子的所言、所思并不靠谱，我们也没那么多时间听孩子说。”有相当比例的父母因为工作忙、应酬多、社会职务多，根本无暇与孩子沟通。另外，在个别家长的头脑中仍存在着“树大自然直”的观念，觉得不沟通也出不了大问题，做父母的在孩子面前不必那样小心翼翼。

我们要做觉察和觉醒的父母，要改变以往为人父母的观念，在面对孩子的时候，要学会有效沟通和智慧倾听，那样，我们所构建的亲子关系才是和谐的。而且，会倾听并不会降低在孩子面前的权威，反而让孩子觉得父母更可信赖。

培养孩子的自我成长思维

在我看来，教育的最高境界是孩子不用父母催促，自己就能自主学习，知道自己要什么。可能父母看到这儿会说：“别逗了，哪有这样的孩子。别说孩子，就是有很多大人也无法做到自我催促，拥有自我成长的思维模式，何况心智不成熟的孩子。”没错，正是缘于很多人很难做到拥有自我成长的思维模式，我才更要提倡把孩子培养成这样的人。

父母要做的，就是用引导的方式开发孩子，培养一个能够进行自我成长型的孩子。

孩子分为外部控制型孩子和自我成长型孩子。

外部控制型孩子：往往会为了获取他人的赞许和肯定，而放弃自己想要的东西，最终戴着“面具”活一生，越来越找不到自我。所拥有的东西也不是自己想要的，结果一辈子都得不到真正的幸福。

自我成长型孩子：做任何事都会通过自己的思考和判断来选择，他们不会为了取悦别人而违背自己的意志。长大后会了解自身优势，将其转化为有意义的行为，通过这些行为做出成绩和贡献。他们的未来将在自我实现中永远呈现良性循环，他们会成为一个自制、自律、自信的人，不受外界左右追寻自己的目标，找到属于自己的快乐。

家长的培养方式决定孩子的类型。

自我成长型孩子：

习惯自我沟通、自我反省、有强烈自尊心、自信心（可以从积极的角度评估自己、接纳自己）；有强大的竞争力（敢于不断尝试、不惧怕失败、直面恐惧）；有较强的独立意识（根据自己的内心作出决定）。

对于一个孩子来说，什么才是成长型思维呢？其实，简单来说就是做事情总是要比现在强一点，能在错误中学习、成长，能够去学习自己想要学的东西，能够积极地去面对各种问题。成长型思维模式是基于这样一种信念：无论一个人本来拥有的智商和能力如何，他总能通过专注的努力提高更多。拥有成长型思维模式的人认为，所有人最终都能够在各方面取得更好的成绩，只要他们努力尝试。拥有成长型思维模式的学习者相信，智能是可塑的，可以通过教育和努力加以发展。成长型思维模式的学生将精力投入到挑战之中，将挫折、失败视为暂时性的，并将失败归因于缺乏努力、没有专注，而不是缺乏能力或智慧。他们将错误视为可以解决的问题。这些学生通常放弃看起来可以表现聪明的机会而去学习新东西。

那么家长具体可以怎样做呢？

要真诚、如实地表扬孩子。夸大的表扬，对于本来就自尊心强的孩子或许有些好处，可以给他们足够强的动力，但是，对自尊心差的孩子会很不好。

过程表扬——表扬他为形成有效的解决办法而付出的努力，并侧重表扬孩子的可控因素，而不是环境或外界因素。这样可以提升孩子的自我效能感。实验表明：仅仅告诉孩子，努力比基因遗传更重要，就导致了大脑有积极改变。

常常鼓励、欣赏，而不仅仅是表扬。更多关注具体行为，而不是结果。

对孩子做得好的地方，家长具体描述，然后提问，引导孩子来总结，并表达自己的感想。或许这是最好的表扬方式。让孩子自己总结自己的成功之处，这会鼓励他独立思考，也强化了他的自主感受——他并非因别人的评价而感觉好。这时得出的结论和经验，才真的是他自己的，他以后才会更好地去利用这些经验。

不做比较表扬。比较表扬，就是类似“你比其他小朋友都做得好”这样的话。很显然，比较会导致孩子过多去关注自己在他人眼里的形象，是在引导表现目标，容易培养僵固型思维模式。我们要引导孩子多关注自身成长。

那么，当孩子做得不够好时，家长怎样反馈？

首先，要学会如何给事情归因。①客观如实归因：分析各种因素，内部的外部的、可控的不可控的，都有哪些。②积极归因：简单地说，积极归因、归因再训练，就是把失败归于他们可以改变的、不稳定的原因，比如不够努力，而不是源于能力不足这一不容易改变的因素。这样的归因，有助于改变习得性无助，让孩子学会对失败有更具建设性的反应。

对于失败，要引导孩子认识到只要继续加强努力，就可以战胜困难、征服目标。

研究表明，对差生进行归因再训练，可有效帮助他们改进提高。由于差生往往把失败归因为能力不足，导致产生习得性无助感，造成学习积极性降低。教他们练习积极归因，使他们学会将失败的原因归结为努力，最终从失望的状态中解脱出来。

特别提醒——如果孩子已经很努力了，仍然失败，这时，不要说“只要尽力了就好”，这是否定孩子的感受，有时也否定了我们的要求和标准；也不要继续夸他努力了，这在孩子听起来是对他能力的侮辱。此时要聚焦于具体细节上的改进——改变策略，调整计划，增加练习时间，变化方式，降低难度……

还要明白，真正的表扬不是过分强调能力和智商。通过给予合适的反馈，要孩子专注于如何提高，成人可以帮助孩子养成成长型思维模式。我们生活在一个急功近利的社会，关注快速的成功、无须努力的成功和天生的才能。成人必须帮助孩子理解，每一个成功的运动员、艺术家或学者，都经历了刻苦地训练和专注地努力。我们应该告诉他们成功人士努力工作和热爱学习的故事。我们可以教导他们，大脑是如何运作的，如何可以变得更聪明。最重要的是，我们可以为他们示范成长型思维模式。

做懂教育负责任的父母

如何做一位负责任的家长？每一位家长都希望自己是一位负责任的家长，也相信自己是负责任的。然而，谁也没有底气说自己是彻底负责任的，这到底是为什么呢？因为家长所扮演的角色太复杂、责任太重大、任务太艰巨。不是说你能生育小孩，你就是称职的家长；不是因为你已经是家长，你就懂得家长要承担的责任；不是你已经懂得了家长的责任，你就能很好地承担了当家长的责任。

在家庭教育中，把家长进行分类的话，大致可以分为三类：

A 类家长，懂教育，负责任。这类家长对孩子非常负责任，他们不断地学习和探索，懂得教育的真谛，拥有教子的智慧，从而能够运用正确的教育观念、原则和方法引导和教育孩子。

B 类家长，不懂教育，不负责任。这类家长，经常会继承自己父母的教育方式——“自由发展”“棍棒底下出孝子”“该出手时就出手”，以“散养”的方式来教育孩子。想当年，我们那个年代，父母哪里懂得教育我们，能解决我们的“温饱问题”就不错了，我们不是照样能成才吗？当我与众多的家长谈到家庭教育问题时，他们也常常产生这样的疑问。其实，虽然那个年代的家长不懂教育，但当时的社会有主流价值观——诚实、守信、积极向上。每个人都是社会的一分子，那个年代，即使父母不教育孩子，整个社会也在教育孩子。因此，那时的孩子问题很少或者说问题孩子很少，不是家长的功劳，而是整个社会的功劳。而当今的社会，想成“不懂教育，不负责任”的家长都是不可能的，因为社会环境发生了巨大变化。我们现在所处的环境，追求物质成功，网络、手机传播各种不良信息，侵蚀着我们孩子的思想和观念，影响他们的身心健康。如果我们家长不站出来“懂教育，负责任”地教育孩子，那我们的孩子会不会被社会所影响呢？

C 类家长，不懂教育，但责任心很强。这一类家长，想必特别多，他们不懂教育，不会教育，却非常负责任地为孩子的未来着想，给孩子物质上的满足，开发他们的智力，费尽心思“不让孩子输在起跑线上”，可最终结果却让很多孩子“输在了跑步的过程之中”，“跌倒在终点线前”。

可以看出，“懂教育，负责任”是家长的不二选择。当家长本身就不容易，当一个好家长更不容易。但为了我们的孩子，我们别无选择，应该成为一名“懂教育，负责任”的智慧型家长。

那么想做一名“懂教育，负责任”的智慧型家长，又该从哪些方面入手呢?

首先，父母要自我提高，改变陈旧的教育思维。

很多父母都有教育孩子的本能，但很少有人会停下来思考，我究竟会不会教育孩子。很多父母一生只做教育的执行者，而很少做教育的思考者。你对孩子的教育中总能找到你父母对你的教育，总能找到你周围人对孩子的教育，这使得一个国家、一个民族的教育状况在整体上总难跳出“相同”的“大圈子”。因此为人父母，不管你是什么学历，都不可太自信地直截了当地对孩子进行不假思索的教育，而要耐心地、谦虚地从头学习和研究你孩子的个性化的教育问题，要思考如何摆脱自己对教育的片面认识和“不自觉继承”而实现“教育突围”。

一位母亲对我说：“我感谢我的孩子，在伴随他成长的过程中，我看到了一面镜子，在这面镜子的映照下，我看到了自己的问题，孩子身上放大了我的问题，也提示了我很多正面问题和改善自己的方式，我在教育他，更是在教育自己。”

这就是一种成长思维，当“懂教育，负责任”的家长，就要具备这样的思维。

其次，允许孩子与自己不同。

如果孩子是一棵树，而你让他长成了草，你就是侵犯了孩子的成长权。不要以为为人父母给人衣食你就是问心无愧的父母了，如果不了解自己的孩子，用盲目的、不合适的教育干扰或践踏了孩子成长权，这是为人父母最大的失职。每一个孩子都是一颗神奇的种子，可为什么只有少数“种子”发芽?如何让种子发芽并长成参天大树而避免被平庸的教育抑制和耗费掉呢，这是天下每个孩子的父母都应该想的问题。

再次，要做“懂”孩子的父母。

很多家长自信地说，孩子是我生我养的，我还能对他不了解吗?而事实上不了解自己孩子的家长比比皆是。有的“全职”家长，别看天天和孩子在一起，其实完全是孩子面前的陌生人。懂孩子是有一定技术难度的，甚至需要一点儿天分，你没看很多人都养小猫小狗吗？可养起来大不一样，有的人可以达到和自己家的宠物“说话”的程度，有的人就是在傻养。懂孩子也和懂宠物一样，需要你用心观察思考。

最后，不要忽略孩子。

很多父母很忙，忙着赚钱忙着工作，把孩子托付给老人，甚至让孩子留守，还美其名曰这是为了孩子好，为了给他更好的未来，其实这就是一种忽视。忽视孩子成长的不可逆性，忽视陪伴的重要性，忽视自己的责任。如果能意识到对于孩子的忽视，那么父母就具备了成长的思维。

除了以上这几点，我觉得还有最重要的一点是，家长要有终身学习的意识，这样才能适应社会发展的要求，提前准备，学会变通，努力提高自己的素质，不致遇到新问题的时候手忙脚乱，对你教育孩子也绝对有好处，在学习中渐渐懂教育，这样才是合格和负责任的父母。

养孩子，给孩子爱和自由

在亲子教育中，我最大的体会就是给一个孩子最好的礼物就是爱与自由，爱与自由是孩子展翅高飞的基础，能够让孩子各方面能力得到最大的发挥，帮助孩子做真实的自己，而不是生活在父母的阴影之下，和父母捆绑在一起，成为父母的“创可贴”。

在我的观念里，爱与自由从来不是对立的，它们是和谐而统一的。我所说的爱，更多的是一种对于孩子情感的满足，而自由则是一种心灵的自由。

究竟什么是爱与自由？这是值得每一个人思考的问题。父母与孩子、丈夫与妻子、朋友与朋友之间的相处都需要仔细斟酌爱与自由的平衡，寻觅给予爱与自由的方法。

如果一个儿童没有在情感上得到发展，比如说：他没有得到足够的爱，内在不是自由的状态，而是被约束或者是被控制、被教育的状态，就不能发展为一个有自我的人、一个完整的人。

一个儿童，只有处于自由状态，他才可能展现自己内在的东西。教育学、心理学发展到今天，都一致认为，一个人成长为什么样子，不是被外在环境完全教育出来的结果。一个人内在有一些东西，只不过是跟环境产生作用以后展现出来。

因为，孩子们虽然是幼小纤细的，但他们都是懂爱的，他们知道谁在爱着他们，他们理解爱的方式，哪怕这种方式是严苛的。

父母爱自己的孩子就需要视孩子为独立个体——他只是在年幼时才需要和你在一起，作为父母只是在尽一份社会责任。这是“爱”的基础，只有内心不把“孩子”狭隘地当作附属物，才能做到有大爱。孩子成年后，他可能会是一名技术工人，可能会是一名科学家，也可能会是一名城市清洁工，但那就是他，是他自己的幸福。作为父母你能否骄傲地告诉所有人，这就是我的孩子！你能否承认那是独属于他自己的幸福呢？如果能，那么你做到了爱他，做到了承认他的爱。

当你不再认为孩子是仅属于你自己的附属物时，你就会开始学会尊重他、宽容他所犯的错误，不再因为他身上有了你的基因而把自身的压力转嫁到他身上，你甚至会开始仔细琢磨和他交流的遣词造句，因为你能体谅他的处境，也能直指他的错误，你会按照社会的标准来要求他、指导他。当你有了这样的爱，你也就给了他自由。给了他生长的自由、选择自己人生道路的自由。

那到底什么是自由？对成年人来说，自由意味着可以做自己喜欢的事情，这需要有生存的能力、挣钱的能力、寻找幸福的能力。这些能力决定了一个人的自由度，决定了他和这个世界的关系，这自由的获取来源于他们每一秒的成长。

这自由不是为所欲为，不是挥霍无度，而是一种独立思考和享受幸福的自由。在帮助孩子们获得自由的路途上，他们需要规矩、需要赏识、需要磨炼、需要痛苦、需要失败、需要胜利……

当我们心中拥有这样的爱时，我们就能平和地给予孩子们成长中所需的一切，让他们拥有自己的世界。

培养有责任和担当的孩子

在我们的亲子训练营里，把对孩子领袖气质的培养放在很重要的位置，为什么呢？因为在我看来，一个孩子能否成为独当一面的人，是否具备领袖气质，很关键的一点在于是否从小学会有担当和负责任，能否成为一个对自己也对别人负责的人。

在美国，有“领导人教父”之称的丹尼斯·韦特利博士曾经说过：“只有从小就具有责任意识，孩子将来才会成为一个对自己的行为负责，对组织、社群尽职的人。”一个有责任感的孩子能懂得理解体谅别人；反之，一个没有责任感的孩子往往会以自我为中心，只关心自己，我行我素，无论对于成年后的事业还是婚姻都有负面的影响。

真正的责任和担当要从小培养。德国人对于孩子这种责任意识的培养就很不错。

有一个朋友说，他去德国探亲时，在游览汉堡动物园途中去了趟卫生间。出来的时候被一位年轻女士拦住，询问他可曾见到一个小男孩儿在里面。她解释说，她的儿子进卫生间很久了，到现在还没有出来。这位朋友忽然想起，刚才确实听到卫生间里有敲打声，于是回头寻声找去。在卫生间最里面的位置，他看见一个十二三岁的小男孩儿，正在一脸认真地修理水箱的拉杆——因为拉杆突然失灵，冲不下水。男孩儿认为，自己用过的厕位如果不冲干净，对不起下一个如厕的人，也有失自己的尊严。

听一位朋友说，他第一次到德国时，将小外孙的上衣晾晒到阳台上。他的女儿要求他将衣服收进来，晾在家里。她说在阳台晾晒衣服，影响小区的美观，房主会有意见，因为这会影响住户对住宅小区的评价。

他第二次到德国，腌了一些咸肉，又晾晒到阳台上。这一次，他用鲜艳的装饰包装纸将咸肉裹起来，做成喇叭状，远看、近看都非常艺术。有一天刮大风，吹掉的包装纸落在楼下邻居家的窗外。他的女儿就赶紧下楼去收拾包装纸。

德国人很注意对孩子规则意识的培养，尤其是当孩子发现自己错了，更是锻炼一个孩子负责任和担当的机会。

以前记得看过一个有关责任和担当的故事：

有一个孩子，他在家里的阳台边上玩玩具，一不小心玩具掉到了楼下，把停在楼下的一辆奥迪车玻璃和前车盖砸坏了，孩子非常难过，孩子这时想到父母经常教育自己，不能破坏别人的东西，破坏别人的东西要道歉、要赔偿。

于是，这个小朋友便下楼站在车旁边等待车主，天还下着雨，就这样孩子在雨中一等就是两小时有余，这时与车主同小区的朋友路过，看到朋友的车被砸坏了，询问了小朋友的情况后，说要联系车主便离开了，这时孩子的妈妈也摆地摊儿回来了，看到孩子在雨中站在车旁边，知道了孩子的事情后，也陪着孩子一起在雨中等待车主。

后来一直等了三小时有余还没有等到车主，便在车上留了联系方式和情况说明的纸条。后来，这个车主在朋友那儿知道了这件事。孩子也当面向车主道了歉，也保证以后再也不在阳台做这样危险的事情了。车主被孩子的行为感动了，原谅了孩子，因孩子家庭并不富裕，车主很快便和孩子的妈妈达成赔偿协议，只让孩子的妈妈赔偿了维修费的一半。

现在许多家庭都只有一个孩子，所以父母什么事情都帮孩子安排得妥妥帖帖，孩子习惯了被呵护，做事变得被动且缺乏责任心。有担当是领导力中的重要元素，从小培养孩子的责任感，孩子长大以后才敢于担当。虽然孩子不可能承担太多的社会和家庭责任，但最起码要让他对自己能力范围内的过失负责。

著名的教育家茨格拉夫人曾说："必须教育孩子懂得，他们不同的一举一动能产生不同的后果，那么随着时间的推移，孩子们一定能学会有责任感。"

所以，从家庭开始，有意识培养孩子的责任心和担当的勇气，将来孩子才能具备领导力，具备领袖气质。家庭教育是让孩子拥有担当最关键的部分，当你从有了孩子成为父母的那一刻起，你就应该要为自己的孩子树立榜样，家人们团结一致为孩子创造良好的家庭环境。俗话说："什么样的家庭造就什么样的孩子；龙生龙，凤生凤，老鼠的儿子会打洞。"如果你乐观自信，你的孩子也一定充满乐观和自信；你敢于担当，你的孩子也一定敢于担当。

美国第16任总统林肯曾说过："每一个人都应该有这样的信心：人所能负的责任，我必能负。人所不能负的责任，我亦能负。如此你才能磨炼自己，求得更高的知识而进入更高的境界。"我们先不说如此之高的觉悟了，如果孩子连自己所犯的错误都没有勇气去承担，更不用说有社会责任感和担当了。

对于我们每个人来说，敢于担当、富有责任感是一种优秀的品质。责任感教会人如何去面对已经发生的事情，教会人爱你所爱的人。所以，家长们更应该让自己的孩子学会担当，不去逃避已经发生的事情，做一个有责任感的人。

挖掘孩子的闪光点，激发他的梦想

总是拿自己孩子与别人的孩子比较，是父母不自信，也是父母的眼中只看到别人孩子的亮点，看不到自己孩子的亮点。其实，每个孩子都有自己的长处，孩子在这方面比别人差，可能在另一方面要强过别人，这就是孩子身上的闪光点，父母要善于发现孩子身上的每一个闪光点并帮助孩子将这分亮点发扬。因为，对于每个孩子来说，缺少的往往不是成功，而是被发现。

在这方面，我分享一下马云自述的故事，看看他的父亲是如何助他走上成功之路的。

我出生在浙江杭州的一户普通人家。从小身材瘦小的我有一个和自己身体条件很不匹配的爱好——打架，还因此缝过13针，挨过处分，父亲为此帮我转过三次学。

当时，父亲是一家戏剧协会的负责人，他常带我去看戏。我对戏里的唱腔丝毫不感兴趣，倒是对武生们在台上的好身手佩服不已，学起散打和太极拳来。

母亲不无惋惜地对父亲说："儿子天生不按常理出牌，说教只怕已无用途!"父亲苦笑道："那我就当把铁锹，一天一小铲，尽量挖出他的闪光点，再用闪光点去填埋他的劣根吧!"

有一天，父亲发现无论他对我唠叨什么，我都用学到的英语回敬时，他很有些大喜大悟："你小子是不是在用英语骂我呢？那好，你好好学英语，学到能随心所欲地讲，那样骂人才会痛快!"实际上，父亲看到了我对英语有兴趣，就骑着自行车带我到西湖边找老外聊天。我用所学的只言片语与老外们越聊越开心，越聊越过瘾，学习英语越来越带劲儿了。

从初中到高中，我其他各科成绩都很平庸，唯有英语，我几乎包揽了大小英语考试的年级第一名。但这无法遮掩我严重偏科的事实，第一次高考，我英语成绩是全年级第一，数学是倒数第一。

高考落榜后，我和表弟去一家宾馆应聘保安。结果，表弟被录用了，我却因个头矮被淘汰。那时，我的心几乎被各种打击敲碎了。父亲见我意志消沉，悄悄找了个关系，让我替《山海经》《东海》《江南》三家杂志社蹬三轮送书。沉重的体力劳动让我渐渐麻痹掉高考落榜带来的痛，我甚至开始认为，这也许就是适合自己的生活方式。但父亲却像是一把铁锹，开始刻意铲凿我高考落榜的痛处，他对我说："你每天踩 20 多公里路来来回回都不累，为什么就不能再走一遍高考的路呢?"

父亲的话让我下了决心：参加第二次高考！我报了高考复读班。然而这次，我的数学只考了 19 分，总分离本科录取线相差 140 分。

这回，我自己执拗地决定第三遍走高考的路！父亲是全家唯一没有反对的人，并煞费苦心地为我请到了一名数学特级教师，每周给我辅导两次。1984 年 7 月，第三次从高考考场走出来的我，数学考了 79 分，但依然离本科线差 5 分。或许是我们父子俩儿的精神感动了上苍，当年杭州师范学院本科没招满，我终于读上了本科，还被调配进入英语专业。

进入大学，所学专业正是我的闪光点。专业成绩十分优秀，自信心一下子膨胀起来，我开始积极参加校内外各种社团活动，随后不仅成为校学生会主席，还登上了杭州市学联主席的位置。毕业后，我因为英语的优势，被聘为杭州电子工业学院的英语教师，并凭着独到的教学方法当选 1995 年杭州市十大杰出青年教师。随后，我作为英语翻译首次访问美国，从而得以接触到因特网。回国后，我很快组建了中国第一批网站之一的"中国黄页"。1999 年，我创办阿里巴巴网站，开拓了电子商务应用，尤其是B2B业务。

短短十几年，我的生活仿佛是《一千零一夜》里“芝麻开门”的神话故事，发生了翻天覆地的变化。但我没有觉得不可思议，因为父亲用几十年的父爱一铲一铲为我开凿出了最宝贵的成功真相——发掘出你的兴趣，去做你感兴趣的事，再把它变成你的特长，最后让你的特长发挥最大的潜能。

每个孩子都是带着灵性的生物，他们身上都有潜能，只是有的被挖掘了出来，有的却被埋没了而已。父母能做的就是要像一个寻宝专家，发现孩子身上的宝藏。

鲁迅先生说过：“教育是植根于爱的。”爱是教育的源泉，因为爱孩子，我们才会用智慧的眼光去发现孩子身上的闪光点。开启孩子内心强大的动力，点燃孩子学习生活的引擎，需要我们真正的爱。这也就是我不断在课上向家长提倡的，我们要向孩子践行“梦想教育”，助力孩子的闪光点，激发孩子的梦想。

比如，J. K. 罗琳从小梦想着能写出神话故事，结果《哈利·波特》让她誉满全球。施瓦辛格从小梦想当一名演员，所以苦练身材，最后成了最健美的男一号。所以，不怕孩子不学习，就怕孩子没有梦想和爱好。只要孩子有梦想，家长要做的就是呵护孩子的梦想，引导孩子的梦想，让孩子为了自己的梦想去学习、去努力，那样才会孩子喜欢、父母省心。

也许我们的孩子很普通，如果父母有一双慧眼能看到孩子的闪光点，能激发孩子的梦想，未来我们何愁看不到孩子就是下一个马云和J. K. 罗琳呢？

第七章 家族兴旺的根源和秘密

家族兴旺的根源和秘密

连接下一代，你传承什么给孩子

有一句谚语“龙生龙，凤生凤，老鼠的儿子会打洞”，形象地道出了有什么样的父母就有什么样的孩子。往上追溯是原生家庭，往下繁衍是我们的孩子，孩子将来的孩子，一代又一代连接，一脉又一脉传承。这就要求我们去思考和重视，我们承继了多少又将传承多少？我们承继了什么，又将传承给孩子什么？

书香门第的家庭，能让孩子从小沾染书卷气，最后成为书香门第中的一员。

音乐世家，孩子从小被音乐熏陶，长大也能传承音乐方面的造诣。

父母是虔诚的教徒，也会把这份笃定的信仰带给孩子。

这样的家毕竟是少数。那么作为普通的家庭，我们让孩子学会什么呢？我想就是爱吧。一个在有爱的家庭里长大的孩子，传承的一定是爱。

一个家庭，孩子的到来不单纯是传宗接代，是为延续爱而来。父母应该努力给孩子营造一个友善、和谐的充满爱的成长氛围，在这种环境中长大的孩子会更懂爱、爱自己、爱他人，从而拥有健康心态。

> 同事的小孩五岁，是一个虎头虎脑的小男生，有一次带来办公室，刚开始我们都暗暗想，四五岁的小男生还不得把办公室整乱套。结果很出人意料，小男生很会照顾人。他看到妈妈在忙，便提醒：“妈妈你该喝水了。”吃零食前，他主动地问妈妈：“妈妈吃吗？”见妈

妈摇头，他才开吃。

而且一直不打扰妈妈正常办公，悄悄一个人在边上看图画书。五岁，正是小男生淘气的年龄，大家都很好奇同事是怎样把孩子教育得如此“绅士”和“得体”的。

我们几个男人都跟着同事姐姐取经，她笑着说，自己并没有特地教育孩子关心人，倒是孩子的爸爸。每次她带孩子出门，孩子的爸爸都会叮嘱孩子：“照顾好妈妈。”孩子的爸爸工作忙，经常出差，临走前也都会嘱咐孩子“照顾妈妈”。孩子还小，一开始不知道怎么算“照顾人”，就模仿爸爸妈妈的样子。妈妈吃东西很快，他爸爸经常提醒她“慢点儿”，孩子就学上了。妈妈拿东西时，爸爸总是抢着帮忙，孩子看见了，也跟着学了。妈妈平时忙起来忘记喝水，爸爸每次打电话回家第一件事就是叮嘱妈妈多喝水，小家伙儿把父母的这些做法都记在了心里。父母之间的相处之道，让孩子在潜移默化中学习了如何待人接物。

中国的传统文化里，夫妇之道是家庭幸福的关键。教育孩子，夫妻的相互尊重、配合、协调非常重要。而哲学家埃里希·弗罗姆在著名的《爱的艺术》一书中，则一语道破父母对构筑孩子精神世界的重大作用：“母亲就是孩子的‘自然世界’，父亲就是孩子的‘思想世界’，孩子从对母亲为中心的依附转到对父亲为中心的依附，最终与他们分离……一个成熟的人，他就是自己的父母，在自己心中同时拥有父亲和母亲两个世界，奠定灵魂健康的基础……”

世上多数家长都爱自己的孩子，也都努力想要变成一个成功的家长以期传承给孩子一个美好的未来，那究竟这个美好是靠什么来检验呢？是子女考入高等学府？是他们毕业后找到一份高收入的工作？还是他们的功成名就？我认为，上面列举的那些可以片面地检验，但都不是最终的检验。

最终的检验是子女的婚姻质量；是他们有生之年能否找到自己的灵魂

伴侣，在精神层面共同成长；是他们的亲密关系能否带给他们身心的满足。只有这样，才能是他们一代接一代传承下去的基础。

我看过一个电视节目，里面演了一对老夫妻，他们相差 15 岁。丈夫从 25 岁开始与妻子相恋，一直到 95 岁，整整过了 70 年，他们的爱情并没有随着时间褪色，而是越来越醇厚。现场，他们与自己的儿孙辈齐聚一堂。孙子和儿子们都来讲述他们的爷爷奶奶和爸妈的故事。在他们眼里看到的是父母相亲相爱，爷爷奶奶相扶相持走过一生，平淡又浪漫。已经 95 岁的老爷爷问自己 80 岁的老伴儿：“幸福是什么?”老太太回答：“跟你在一起就是幸福”。经过岁月洗礼如此质朴的爱情，让现场观众感动落泪。最后，一家 24 口人的四代全家福，定格成了美好的瞬间。观众看到的是一个大家庭的兴旺和一对夫妻从青涩走到暮年，携手白首不离的温情。

在我看来，这就是最好的传承。一辈人给下一辈人做出榜样，让他们明了什么是爱、什么是美好人生。

家道家风才是传承的根本

为什么教育要讲家道？家道承传可以影响孩子一生的内在发展。因为小孩是自己的，也是社会的。小孩教不好，小则影响自己的家庭，大则影响社会。把孩子教育好，责任重大。

家风究竟是什么？家风，顾名思义，是一个家庭的风气、习俗，是一个家庭代代相传的规矩，是每一个家庭成员从小到大都需遵循的祖训，是能够影响家庭成员精神、品德及行为的一种传统风尚。

程允升曾说过：“阴阳和而后雨泽降，夫妇和而后家道成。”父母是人伦之始，阴阳之道，阴为母，阳为父。阴阳和，才能万物生长，阴阳不和，精神痛苦，情不投意不合，即子女不听话，不孝顺。对上不认可父母（老人）的功德，对下（子女）怎么教育都不到位。不要怨恨子女，更不能打骂子女，因为子女的成败也与父母本身的心性德行有关，要考虑到自己教育的方法是否有不当之处。

追溯历史，不管是大家还是小户，大多十分重视家族成员对家道家风的遵守和执行。中国传统文化和道德既是形成家风的基础，又通过家风在每一个家庭中传承。家风是我们引以为豪的中华五千年文明的一部分，同时，也是中华五千年文明得以发展的载体。我们看一下，影响过我们的家风家训。

魏晋南北朝时期，北齐思想家颜之推为了告诫子孙不可自恃门第、骄逸怠惰，同时也希望子弟能将士族门风维系不堕，写下约四万字的《颜氏家训》，以传统儒家思想教育子弟如何修身、治家、处世、为学等。“古今家训，以此为祖。”

《曾国藩家书》记录了曾国藩在清道光三十年至同治十年前后约20年的翰苑和从武生涯，近1500封，包含曾国藩一生的主要活动和其治政、治家、治学之道。在其家书中，立志之论甚多，立志之后，据此求过，自律自勉。在持家教子方面，曾国藩主张勤俭持家、努力治学、睦邻友好、读书明理。他在家书中写道：“余教儿女辈惟以勤俭谦三字为主。”清代的曾国藩家风为世人所重，学习效法者众多。曾国藩家教开启了曾氏家族的繁荣局面，这繁荣在曾国藩之后尚能绵延数代，且代有人才。

以书信传承家风闻名的，还有著名文学艺术翻译家傅雷及其夫人。《傅雷家书》摘编了他们从1954—1966年5月写给孩子傅聪、傅敏的186封书信，其中最长的一封信有7000多字。傅雷说，他给儿子写的信有多种作用：①讨论艺术；②激发青年人的感想；③训练傅聪的文笔和思想；④做一面忠实的“镜子”。信中的内容，除了生活琐事之外，更多的是谈论艺术与人生，灌输一个艺术家应有的高尚情操，让儿子知道“国家的荣辱、艺术的尊严”，做一个“德艺俱备，人格卓越的艺术家”。傅雷夫妇作为中国父母的典范，一生苦心孤诣、呕心沥血培养的两个孩子：傅聪——著名钢琴大师、傅敏——英语特级教师，是他们先做人、后成“家”、超脱小我、独立思考、因材施教等教育思想的成功体现。家书中父母的谆谆教诲，孩子与父母的真诚交流，亲情溢于字里行间，给天下父母子女强烈的感染启迪……

《朱子治家格言》，是讲求道德修养、行为规范的准则，劝人勤俭治家、安分守己的一篇家训。作者归纳了日常生活中的各种事务，并给出正确处理的原则和方法，很容易在生活中去运用和落实。只有五十四句，五百多个字，篇幅短小，语言凝练，读来朗朗上口。三百多年来传诵于全国，乃至东南亚华人地区，其中一些句子被当作至理名言，对当时以及后来学者产生的影响极大，对于家长教育子女有重要的现实意义。

家风的好坏甚至直接影响了后代在社会上的发展，当一个孩子背后有一个良好的家族风气，祖上是受人尊敬的人，人们对这个孩子就会尊敬有加，若一个人生在被人唾弃的家庭，那孩子或多或少也会跟着被人唾弃。

虽然这些事情都不绝对，但是在封建社会甚至是当今社会，依旧存在着。

格里梅尔斯·豪森说过："没有教养、没有学识、没有实践的人的心灵好比一块田地，这块田地即使天生肥沃，但倘若不经耕耘和播种，也是结不出果实来的。"

可见对孩子的教育中，家长首先就要做到"其身正"，只有家长做到了，家庭才会有正直的家风，才会教育出有教养的孩子。

父母的修为是孩子的起跑线

一个家里，父亲是天，母亲是地。父亲给孩子引领，母亲给孩子根基。如果父母不富有，就努力培养一个富孩子吧！我指的不仅是经济上的富，还有精神上的富。而这种富，对父母的要求相对较高，不仅要有文化、有知识，还要有修为。在我看来，父母的好修为才是孩子真正的起跑线。

我们都知道，三岁看大，七岁看老，看的是孩子的心智模式的奠定时期，而这种心智模式的形成父母是决定性的。我们也能认同家庭是孩子的第一所学校，父母是孩子的第一任校长和老师，但在现实的生活中，有多少家长真正认识到自己的修为，在孩子一生的成长当中起着关键甚至决定性作用呢？又有多少家长认真地研究孩子成长的规律，遵循规律来教育孩子和培养孩子呢？又有多少家长把孩子心灵成长当作长期工程甚至一辈子都来做呢？所以，看看身边有多少心灵畸形的儿童、少年、青年、成年人，还有老人，追求物质的享受、情欲的刺激，道德沦丧，灵魂无处寄放，信仰缺失，误入歧途者大有人在。

有人说：一个伟大的成功者，必有一个伟大的母亲。而事实上，失败者也不是从石头缝里蹦出来的。“养儿不教，如同养猪”。但现在的问题，不是父母们想不想教的问题，而是有没有能力教的问题。许多为人父母者，在成为父母亲之前，自身的素养和世界观价值观都有问题，这些问题深入到潜意识，对孩子的成长形成决定性的影响。一个豁达开朗的母亲，与一个小气自私的母亲；一个勤奋知性的母亲，和一个懒惰而浅薄的母亲：一个积极乐观的父亲，和一个悲观绝望的父亲；一个宽容大度的父亲和一个小肚鸡肠的父亲，引领和教育出来的孩子，是完全不一样的。

一位朋友曾当作笑料向我讲述了他和儿子的一段对话。朋友说：“儿子，你这几天总玩游戏机，就不能控制一下自己，把精力用到学习上吗?”儿子回答说：“你还说我呢，爷爷经常告诉你不要在外面玩麻将，你怎么还总是整宿地玩呢?”一下子弄得这位朋友语塞舌结。可见，孩子们常常把自己的行为与父母相对照，甚至父母行为中的某些失当之处也往往会成为一些孩子开脱错误的“口实”。在日常生活中，家长应十分注意自身的言行举止，经常互相提示，互相交流，努力树立良好形象，给孩子以健康、积极的影响，在一点一滴的小事上给孩子以有益的影响。

一个好的家长，应把教育的重心由教育孩子放到教育自己上来。对于觉悟的家长来讲，教育孩子只是个借口，自我教育才是真的。当你把自己教育好了，孩子只是美好的你的反映，他自然会变好。

有一位老师发现班上有一个同学特别爱“骂脏话”，张口闭口“他妈的”，多次批评，不见成效，于是决定去家访，想让家长配合老师做做孩子的教育工作，帮助孩子改掉不良习惯。谁知老师一进门，还没来得及说明来意，孩子的父亲就对老师说：“我这孩子，在家里就他妈的捣蛋，光知道他妈的看电视，什么活儿也不干，不知道他妈的在学校怎么样。我跟你说，如果他妈的在学校不好好学习，你尽管给我揍。”

孩子们会根据父母在他们面前的样子来评价父母。如果父母是抽烟喝酒嗜赌成性的人，却告诉孩子们要养成健康生活的习惯，别指望孩子们会听你的。如果你平时就喜欢和孩子们一同游戏玩耍，就无须向他们解释快乐对于你的生活有多么重要，因为他们早已看在眼里。

托尔斯泰有句名言：“全部教育，或者说千分之九百九十九的教育都归结到榜样上，归结到父母自己生活的端正和完善上。”这便是育人先育己，家长提高自己的修为，才能给孩子当好榜样，每位家长都应牢牢记住这一点，这对完善孩子的人格起到至关重要的作用。

父母的言传身教，孩子的学习榜样

孩子从一出生开始，接触的第一个环境就是家庭，父母对于儿童来讲，就是他们的启蒙老师。孩子会模仿和学习父母的语言、行为、交往模式以及父母营造的生活模式甚至还有心理模式。他们会将父母营造的环境都内化为自己的价值观和人生观，包括父母的一言一行都会被孩子内化为自己行为的一部分。大约到了青春期，孩子内化的部分，就会显现出来。外面的人会说：你的孩子和你好像，这往往让我们大吃一惊！

孩子的日常生活中与父母接触最多，因此，父母的行为也无时无刻不在影响着孩子的行为。中国人讲究言传身教，言传身教的意义在于家长并非仅仅只通过语言即能达到教育的目的，还要通过自身的行为成为孩子的榜样，从而让孩子树立正确的人生观和价值观。别以为孩子小，他无时无刻不在模仿，而父母的行为举止无论对错都首先成为他们模仿的对象。有些家长不管孩子是否在场，一语不合便争得面红耳赤；有些家长平日里看书本上教育孩子不要乱扔垃圾，不要乱闯红灯，结果自己带孩子外出时就全然忘记这些细节。

有一次带训练营的孩子们参观博物馆，由于当天参观博物馆的人太多，局面一度十分混乱。在排队进入参观的过程中，有两位家长互不相让，并指责对方不守规矩，乱插队。争吵还没结束，两个人又推推搡搡动起了手，孩子被家长们的举动吓得大声哭起来。而当时两个动手的家长并没有意识到他们的行为给孩子留下了什么样的印象。进入博物馆，有的家长无视馆内的“禁止拍照”和“禁止触摸”，依然不管不顾地拿着手机不停地拍着，当时孩子很不解地问我，“郑老师，为什么馆内规定不让拍照，有的人还拍照呢?”而我一时不知该如何应对孩子的问题。就像很多次开车在路上，看到有一些司机，明明知道等红灯压线是不对的，偏压；有些过马路的人，明明知道不能闯红灯，却依然要闯。我不能跟孩子说这些人眼睛有问题，只能说他们不太遵守规则。

还有一次，去购物，在超市看到这样一幕：一位母亲用购物车推着一个四五岁的孩子在购物，路过蔬菜区，这位母亲一边指着各种蔬菜水果一边让孩子认，我对这位母亲随时随地对孩子进行教育的行为感到钦佩，现在的家长都很注意对孩子的智力开发，不放过任何一个让孩子学习的机会。可是随后出现的情况却让我不能苟同，这位母亲随手从摊位捡出几颗又大又紫的樱桃，看四下无人注意，递给孩子，还提醒孩子装进衣服口袋里。孩子在四下张望了几下，很听妈妈的话，悄悄把樱桃装进了衣兜。

家长如果自己做不到身教，再多的言传都是空话。如果说孩子是家长的一面镜子，那么当你发现孩子身上有什么缺点时不妨先在自己身上找找，找到症结所在，问题自然迎刃而解。

蒙特利梭说，孩子有一种天生将环境中所有东西都吸收进去的能力，这个能力就是儿童的吸收性心智。儿童将他们所处的环境完全“吃”进自己的心理中，形成了自己的“心理肌肉”。所以，儿童形成什么样的心理肌肉，取决于他生活在什么样的环境中，这个环境包括物质的环境和人文的环境，而人文环境尤为重要。儿童的这种吸收性心理的特质，说明他们的成长是一种自我创造的过程，在这个自我成长的过程中，成人不是教他们学习什么，而是在发展的过程中，帮助他们心理的形成。创建一个有丰富材料的环境是一部分；成人的言行举止、思维模式、价值观，以及成人潜在的心理等是儿童环境的另一部分。那么，从这个角度来看，父母似乎在不知不觉中就成了孩子的榜样。

个人的幸福能力是家族兴旺的基础

建一座坚固结实的大厦要从打地基开始，培育一个幸福感强烈、有爱己及人能力的孩子就如同建一座大厦，地基非常关键。只有地基牢固，才能让上面的建筑物屹立不倒。而家庭的兴旺与否，也取决于个体的幸福程度。

在我看来，家庭教育第一重要的是价值观，就是要培养什么样的孩子。我首先要说的是，请鼓励你的孩子成为一个幸福的普通人。每个即将成为父母或者已经成为父母的人都对孩子有着许许多多的期待，比如希望孩子将来成为科学家、外交家、世界首富、歌星、球星、明星、高考状元……恕我直言，很多目标对家长来说实现的可能性都很小很小，甚至是一生不可能实现的。我们可能从情感上无法接受我们的孩子将来可能是一个普通人，但是，对绝大多数家庭来说，这就是现实。但是，难道我们是一个普通人就没有普通人的幸福吗？我们普通人就没有权利谈幸福吗？人生是一场马拉松，起跑的时候谁站在第一排、第二排根本不重要，甚至跑完了一万米谁在第一、谁在第二也不能决定哪一个就是最先达到终点的人。幸福不是比谁跑得早、跑得快，比的是谁跑得远。

如果一个孩子从小具备了幸福的能力，知道幸福是一种内在心智的成熟，而不是外来的附加造成的。那么，当他在成长的过程中，将来成人以后，就不会被名利所扰，不会过分追求身外的东西而搅扰了自己原本的清静自足、感受幸福的心态。那么，这就是一种幸福的能力。拥有了这种能力的人，既能在成功之后安享成果，又能在没有成功的时候不自惭形秽。

比如，日本经营之神松下幸之助回忆自己获得成功的原因时说：

> 我获得成功，很大程度上是因为受到了上天的眷顾，他赐给我三个恩惠，让我受益无穷。
>
> 第一个恩惠，我家里很穷，穷到连饭都快吃不上了。托贫穷的福，我从小就尝到了擦皮鞋、卖报纸等辛苦劳动的滋味，并以此得到了宝贵的人生经验。第二个恩惠，从一出生，我的身体就非常孱弱，托孱弱的福，我得到了锻炼身体的机会，这使得我到老年也能保持健康的身体。最后一个恩惠，就是我文化水平低，因为我连小学都没毕业。托文化水平低的福，我向世上所有的人请教，从未怠慢过学习。

穷困、孱弱和低学历的经历，被松下的心智模式构建成生命中受益无穷的恩惠。而这种恩惠也给他带来无穷的幸福体验。而他把这种幸福体验用在了生活上、事业上，最后成功经营了企业还惠及了很多人。

有一个心理医生离了婚，失去了家庭，最初他并没有意识到是什么导致了家庭的不幸福，导致了自己过上落单的生活，直到有一天，他40多岁的时候，经历了很多人和事，他幡然醒悟。他说：

我到40多岁的时候才觉得幸福是那么重要，此前我一直觉得自己不是一个幸福的人。后来我才知道，是我错了，幸福不是那么惊天动地的，不是那么大张旗鼓的，不是像我们想象的需要很多的金钱、需要那种万丈光芒的时刻。只要我们每一个人努力去争取、去奋斗，我们就会享有自己的幸福。

我最早关注到幸福这个问题，其实还是得益于一位德国的哲学家费尔巴哈。他说过，人活着的第一要务就是要使自己幸福。我当时看到这个说法挺惊讶的。我们会觉得我们有很多的小目标，我们会被这个社会的大的舆论所引导，被一些潮流所裹挟。可是，你一定要清楚，这一生你最重要的事情是让自己幸福。

西方某个国家进行了一个调查研究，题目是“谁是世界上最幸福的人”。因为在报纸上征集答案，成千上万的信函就飞到了报社。报社组织了一个评选委员会，想看看民众对于幸福、对于谁是最幸福的人有怎样的答案。最后，按照得票的多少，第一名是给自己的孩子洗完澡后怀抱婴儿的妈妈；第二名是给病人治好了病后目送那个病人远去的医生；第三名是夕阳西下，看着自己筑起的沙堡自得其乐的孩子；第四名是给自己的作品画上句号的作家。看到这个答案以后，我心里充满了悲凉。在某种程度上，这四种幸福在那个时候的我身上其实都已经历过。我有孩子，给他洗过澡，有抱过他的时候；我原来是医生，也有治好病人目送病人出院的时候；我可能没有在海滩上筑起过沙堡，但是在我们家附近工地上的沙堆挖过坑，然后看着旁边的人不小心掉进去；那时候我已经开始写作，所以也给自己作品画上过句号。我之所以难过，是因为我集这些幸福于一身，可是我未曾感到过幸福。我想，不是世界错了，是我自己错了。我对于幸福的认识和把握，对它的追求，其实有重大的误区。如果我能及早让自己拥有能感受幸福的心智，我就可以惠及我的家人。

我们一定要清楚，一生中最重要的事情是让自己幸福。只有个体有了幸福的感觉和能力，才能带给身边其他人幸福。

联合出品人心语

本人一直在商会从事精准扶贫项目的实施，有机会接触最需要帮助的人。我们发现很多的受捐对象在接受了大量的捐赠之后，不仅没有变得富足，反而还是继续贫困。近些年，国家对贫困地区给予了大量的资金、项目、人力、财力支持，但还是很难从根本上、持久、有效解决绝大多数贫困人口稳定脱贫致富问题。改革开放已近40年了，还有很大一部分贫困地区的人们继续着千古不变的生活方式。这种轮回还要持续多久？还有就是，很大程度已经脱贫致富甚至超越小康生活水平的相当一部分人，他们在物质条件优越之后精神空虚寂寞，面对突然来的富裕生活失去了方向感。2015年的湖南龙山女婿杀岳父全家八人事件深深刺痛着我的心。富裕之后的人们到底怎么了？为什么有些家庭会厄运连连？为什么保安的孩子、下岗职工的女儿根本没有接触过优质教育，却上了清华北大？为什么很多摆地摊的家庭很幸福？为什么在农贸市场谋生的个体户能培养出胸怀天下经世济民的国之栋梁？这背后的真相到底是什么？有钱了，我们真正幸福吗？为什么巨大的投入得不到回报？为什么有些家庭倾其所有无法培养出人格健全的孩子？……带着千万个为什么，六年前，我走进了生命真相的探索之旅，通过不断学习我发现，“我”才是一切的根源，“我”的内在力量不成长，结果就没法变。父母不能为自己种上一颗智慧的种子，长期在无明的欲望中轮回，家族又怎么可能兴旺发达？父母应怎样从“望子成龙”旧的思维模式进化成“我要成龙”新思维？两年前，我偶遇华德育才平台的《家族影响智慧》课程，其中郑老师讲的家风家训家教教育将深深影响一代又一代中华儿女，我深表认同。富而不贵是种痛，真正的富贵是植入精神和灵魂层面的有担当、利他、慈悲、忍辱、布施、坚韧、精进、智慧、感恩、爱、诚信、负责任等高贵人格，家庭是最好的学校，父母是最好的老师。父母的行为将深深影响下一代。与海明老师联合出版的《成长的印记》是一本难得的呕心之作，是一盏心灯照亮心田，让人受益无穷。

武陵兴山农业科技有限责任公司　李军山

2017 年 2 月 17 日于长沙

时间的年轮已悄然转过了三十九个春秋，不知不觉头上已经有了几丝白发。在山东省阳信县的一个小村子，1979 年的正月里，三十九岁的妈妈生下了我。那时大姐已经是一名初中生，就连最小的姐姐都比我整整大了七岁，因为那时国家已经开始实行计划生育政策，我不光成了爸妈手心里的宝，而且姐姐哥哥也视我如宝贝一颗。那时的我，不像现在的孩子拥有那么多的物质，比起同龄的孩子，在农村，我得到了更多的爱！饭来张口，衣来伸手，家里所有的人都得听我的，一直到我上了小学，不知道怎么的，我从来没对学习付出太多的努力，但是考试屡屡年级第一。家人的宠爱，同龄人的羡慕，让本来就自以为是，以自我为中心的我，心更加膨胀了，生在农村的我，得了很严重的公主病。小学五年级的下半学期，哥哥大学毕业回到县城待遇很好的金融机构上班，疼我的哥哥为了让我有更好的学习环境，小学六年级就把我接到了县城上学。城里上学以后，我发现身上的衣服跟同学比起来土土的，“不理不睬”的作风用在他们身上感觉完全不对，他们比我更牛。城里的老师拿我当不懂事的大小姐，同学们因我的傲慢都疏远我，以至于成绩一再下滑，直到高二的上半学期，我再也不想在学校里待着，我渴望离开学校。终于有一天，爸妈哥哥百般无奈地看着我背着书包走出了校门。步入社会之后，没过几年顺理成章地结婚生子。我不希望我的儿子也像我一样，所以我把爸妈对我的教育方式彻底推翻，对孩子要求得一律严格，甚至孩子的吃饭姿势，怎样行动，怎样说话，都要按照我的规定去做。孩子学习成绩也不错，就是不爱与我们交流，爱自已静静地待着，没有快乐感和幽默感。孩子在2016年九岁就开始了叛逆和反抗，正在为孩子的变化而感到不安时，一个“父母课堂”帮了我。4月9日一个“父母课堂”来到了北京，这样我和郑海明相识。我学到了很多的知识：①棍棒底下出孝子并不适合我们的孩子，要科学育儿，一定要学会赞美孩子，家长的褒奖就是孩子进步的动力；②要让孩子养成良好的生活习惯和行为习惯，养成良好的习惯是独立于社会的基础，影响孩子一生的成功和幸福；③为孩子树立良好的榜样，用自己的行为去影响孩子，言传身教很重要，凡事从自身做起；④给孩子正确的爱，父母的爱是世界上最神奇的力量，珍惜成为父母的机会，努力爱孩子。

海明特别有爱心，并且不停地做慈善做公益，给更多的人带来快乐和幸福。家庭教育是非常重要的，找到家庭教育的窍门儿才能把我们的孩子培养得更加优秀。父母是孩子们成长中最好的老师，亲子关系跟家庭教育是至关重要的，家庭教育跟亲子教育任重而道远，在这条路上跋涉的父母们，一定会取得意想不到的精彩。希望有更多的朋友能学习郑海明老师的课程。

一位智慧妈妈：王金辉

2017年2月18日

我读《成长的印记》

如果不是因为男人帮，我也会称呼郑海明为郑老师，他有着与其阅历相匹配的睿智和社会责任感，待人接物真诚谦恭，对于生活有着成熟的见解，传道授业解惑，我是很崇拜的。不过称呼老师显得太拘谨和生疏，我们是兄弟，男人帮里五兄弟，郑海明排行第三，所以我还是像平时一样称他为老三吧，这样比较顺口和亲切。

听说老三出书很是欣喜，可老三非让我给写点什么，让我诚惶诚恐了好些天，毕竟写文章是需要才情和见识的，我是个粗人，从入社会起就做酒店特色预制菜肴，说通俗简单点就是卖菜的，十几年来一直在这个行业摸爬滚打，至今虽然小有成绩，但对于写文章，实在不会，对于教育，更是不懂。正如老三书中所说：也许你是一个非常了不起的公司老板，但不一定是个好爸爸；也许你是一个非常了不起的优秀员工，但不一定能当一个好妈妈。卖菜，我在行！团队管理，我能！写文章谈教育于我，太难。可老三和我是好兄弟，出书这种大事是一定要捧场支持的，只好硬着头皮来说说。

《成长的印记》是老三记录的经历和感悟，没有看书之前，我们不曾知道他的过去、他内心深处的印记，而对家庭教育事业的使命感让他勇敢地把隐藏在灵魂深处的另一面剖析在大家面前，只为所有的父母能正视和重视家庭教育，为孩子营造更好的原生家庭，因为孩子的成长不可逆。

阅读这本书的过程中，我一直在自省，发现做父母的学问很深，与学历和经济无关。我们明白父母是孩子的第一任老师，却常常把自己没做到的事强加给孩子；我们懂得家庭环境会给孩子留下终身印记，却在夫妻争吵的时候不顾一切；我们知道培养孩子需要耐心，却每每在孩子犯错的时候忍不住咆哮和指责；我们了解孩子的成长需要鼓励，却往往弄不清鼓励和表扬的区别……如此种种，都可在本书中找到参照，从而修正自己的言行，给孩子正确的行为模式。

我非常赞同教育的秘诀是爱，与孩子的相处秘诀是尊重。教育学习的过程，其实是父母儿女相互切磋、相互学习成长的过程。父母儿女只是一段人生路的同路人，相互陪同，相互做个伴。

很庆幸能读到《成长的印记》，我的两个儿子还小，一个八岁，一个满周岁，还来得及为他们营造更好的原生家庭，我和孩子妈妈会用爱和正能量陪着孩子成长，亲子教育的路还很长，我充满信心：儿子，请赐教！

最后，希望大家认真读一读这本关于家庭教育的好书，相信你们会跟我一样有很大收获。

湖南鼎顶湘滋味科技股份有限公司　王平安

2017 年 2 月 20 日

后 记

我的使命和情怀

从事家庭教育，我和陈捷老师一起携团队在全国举办父母课堂“家族影响智慧”和青少年国际课程 YES I CAN，一路走来，得到广大家长和孩子的认可，也促使我们不断提高和审视。教育是一个有情怀有使命的事业，如何让我们的孩子比我们更优秀、更自由、更快乐？在求知和成长的过程中，不因为接受错误的爱和被迫的催逼变成学习的机器而没有了创新的头脑和快乐的求知欲；也不因丰富物质让他们的精神生活变得贫瘠；更不要因为我们上一辈或我们这一辈的错误家庭教育理念，给孩子以错误的指引。我相信，这是每一个为父母者、为教育者的心声和愿望。

因为，在我看来，留在一个孩子身上的印记，不是靠外在的，而是要给孩子心灵滋养。我们的父母辈不像今天的我们见多识广，但仍有很多人给孩子留下无法衡量的财富，而也有一些父母会在不自知的状态下犯下教育错误，也给孩子留下了难以磨灭的伤痕。所以，我们的言传身教要给孩子留下美好的回忆而不是受伤的印记。等他们某一天长大成人，谈起自己的父母，能自豪地说：“我的父母给了我非常大的影响和教育。”

我们的“家族影响智慧”已成功举办了 35 届，足迹遍及北京、天津、上海、四川、安徽、两湖两广、山东山西等，我们的青少年国际课程 YES I CAN 已经培训了 17 期，这期间我们收获的是感动和喜悦，孩子和家长收获的是知识和理念。

为了让广大青少年学员能够得到更大的提高，我们除了“家族影响智

慧”外，还打造了“女性丰盛智慧”“家族幸福智慧”“未来领袖全球游学营”等系统课程。在我们不断优化的家长系统课程中，家长的家庭教育观念有了彻底的改变，看清了教育的真相，掌握了爱的系统，明白了生命长河的次序：上游——爱好自己 - 自身和谐，中游——爱好家人 - 婚姻家庭和谐，下游——爱好孩子 - 亲子和谐。

“家族影响智慧”开办多年，我看到很多家庭的变化，孩子学习动力的增强以及后续带给我们口口相传的价值。特别是通过学习和亲子教育带给我自身的转变，以前的我一直认为有些伤痕是难以修复的，接触了大量的真实家庭案例，我看到了不同的家庭相同的错误，如果自己愿意，一定会让自己变成我们常喊的口号那样：“Yes，I can。”我们是可以把以往的经历转变成另一种财富惠及他人的。也让我真正明白了做这项工作的意义，会更加坚定地把这项工作做下去，坚定了把课程推广到全国甚至全球的决心和信心！

没有不好的孩子，只有不幸的孩子，因为他们受到了不幸的教育；没有教不好的孩子，只有不会教的父母和老师，任何成功都无法弥补教育孩子的失败！我坚信，教育是一件终生的事业，在给别人带去教育智慧的同时，自己也在不断总结和修正以往的教育观念。跟着孩子们、家长们，教学相长。让我坚定推动家庭教育行业继续发展。

致　谢

从有了出版这本书的念头那一刻开始就得到了很多人的帮助，首先是我的老师陈捷先生，是他一直鼓励和支持我把想法和故事成形于书。同时感谢联合出品人：李霞、李军山、卢小峰、王金辉、颜俊、王平安的无偿帮助。这本书的面世来自大家的信任，在前期众筹过程中，很多朋友和领导给予了我信任和支持，他们是：蒋星辉、刘淑杰、胡志、曾立新、郑文汀、黄莉萍、李正德、郑新煌、杨春影、张高铭、李珍、周春桃、章尚红、喻元华、杨铁山、朱海林、彭志强、廖作峰、张苗、唐老师、张尚龙、梁萧、肖丽容、王春兰、陈奕文、盛湘美、刘华志、林美容、马爱红、罗军、李伟平、棋道、陈莉芳、胡军红、黄延玲、司曼萍、李招军、范娟红、黄龄、李美慧、罗京红、庞志彪、梁永利、陈伟兰、刘泳伶、苏志明。